苏州民间文艺家列卷

第三卷

苏州市文学艺术界联合会
苏州市民间文艺家协会
编

古吴轩出版社

图书在版编目（CIP）数据

苏州民间文艺家列卷. 第三卷 / 苏州市文学艺术界联合会，苏州市民间文艺家协会编. -- 苏州：古吴轩出版社，2021.12
ISBN 978-7-5546-1849-3

Ⅰ. ①苏… Ⅱ. ①苏… ②苏… Ⅲ. ①民间工艺—艺术家—生平事迹—江苏 Ⅳ. ①K825.72

中国版本图书馆CIP数据核字（2021）第232383号

责任编辑：胡敏韬
见习编辑：羊丹萍
责任校对：李　倩　闫毓燕
装帧设计：周　丹

书　　名：苏州民间文艺家列卷 · 第三卷
编　　者：苏州市文学艺术界联合会　苏州市民间文艺家协会
出版发行：古吴轩出版社
地址：苏州市八达街118号新闻大厦30F　　邮编：215123
电话：0512-65233679　　传真：0512-65220750
出 版 人：尹剑峰
印　　刷：苏州市越洋印刷有限公司
开　　本：700 × 1000　1/16
印　　张：15.25
字　　数：191千
版　　次：2021年12月第1版　第1次印刷
书　　号：ISBN 978-7-5546-1849-3
定　　价：66.00元

序

文／叶正亭

苏州是一座优秀的中国历史文化名城。说她优秀，是因为她有深厚的文化底蕴。这种文化孕育了多少中华英才，这种文化具象化成园林、建筑，气化成昆曲、评弹，物化成一件件“苏作”“苏工”精品力作。

翻开中国的文化史、工艺史，有多少页写的是苏州，有多少艺术品被冠以“苏”字头、“吴”字头。刺绣叫“苏绣”，玉雕称“苏作”，明代家具谓“苏工”，裱画为“苏裱”，灯彩是“苏灯”，吴门画派、吴门印派、吴门书派、吴门医派……历史上的苏州人创造了那么多辉煌的文化、经典的工艺。苏州这座城，最优秀的是人，是才华横溢的英才，是心灵手巧的工匠，他们把“苏”擦得铮亮，他们让“吴”流芳百世。

历史是一代一代的人创造的。话说“苏作”“苏工”，人们似乎更多地追忆蒯祥、陆子冈、沈寿的风采，那些似乎是明代的骄傲、清代的辉煌。其实不然，苏州文化人、苏州工匠们，没有在前人的功劳簿上“睡大觉”，他们站在前人肩膀上，站得更高，看得更远，做得更实。他们把带有时代印记的作品留在了中华大地，甚至走出国门，把中华文化传播到世界各地。

新中国诞生后，党的阳光雨露滋养起来的一代苏州工匠做得怎么样？历史将追问于此，我们民间文艺家协会有责任将此记录。

为当代苏州的民间文艺家做记录，这是本届苏州民间文艺家协会要做的一件实事工程，经过了两年筹备，花了三年时间完成。本书所记录的对象由苏州大市范围内中国民间文艺山花奖（以下简称“山花奖”）获得者、国家级非物质文化遗产代表性项目（以下简称“国家级非遗项目”）代表性传承人、中国工艺美术大师以及部分在各领域内具有代表性或有杰出贡献的江苏省非物质文化遗产代表性项目（以下简称“省级非遗项目”）代表性传承人、江苏省工艺美术大师、中国民间文艺家协会会员组成，共录选一百位有一定代表性的苏州民间文艺家。门类涉及织绣、雕刻、苏派盆景、苏灯、苏裱、苏作家具、苏扇、桃花坞木版年画、御窑金砖、剧装戏具、剪纸、金银首饰、麦秸画等三十余个艺种。本书的记录由本届苏州民间文艺家协会主席团成员亲自担纲，成员与录选对象一一对接，以问答形式，让每位入选者直接讲述各自的从艺起点、师承关系、从事艺种的历史及在苏州的传承发展与创新。初稿完成后聘请本会顾问张雷老师统稿润色，本书的文稿可读性较强，部分精美图片由祁金平拍摄提供。

这是一项开创性工作，由于我们水平不一，书中难免存在种种瑕疵，或者还有不少谬误，敬请广大读者，尤其是苏州的民间文艺家们见谅！

目录

香山帮传统建筑传承人 002
——对话高级工程师薛林根

馥郁随风　情有苏扇 009
——对话中国工艺美术大师邢伟中

刻砚半世纪　石缘一辈子 017
——对话第四代制砚传人蔡金兴

东方特质的漆艺 024
——对话省级非遗苏州漆器制作技艺代表性传承人林怡

核雕生涯的传奇者 032
——对话国家级非遗光福核雕代表性传承人周建明

剧装戏具代代相传 039
——对话国家级非遗剧装戏具制作技艺代表性传承人李荣森

心闲梦稳 046
——对话铜炉艺术大师陈巧生

美石坊的精雕细作 052
——对话中国工艺美术大师蒋喜

匠心独运　富丽工巧 060
——对话国家级非遗玉雕代表性传承人杨曦

经典画卷　木雕再现 065
——对话民间文艺最高奖“山花奖”得主施冬妹

前人“播种”后人“传承” 073
——对话殷氏核雕第三代传承人殷毅军

“国绣文化”的倡导者 079
——对话江苏省工艺美术大师朱寿珍

一针一线总是情 087
——对话高级工艺美术师濮凤娟

继承传统　剪出人生 093
——对话区级非遗剪纸传承人计建明

塑造不平凡的自己 100
——对话江苏省工艺美术大师王丽华

砖雕艺术的守护者 106
——对话市级非遗陆慕蟋蟀盆制作技艺代表性传承人袁中平

匠心匠人　石雕结缘 114
——对话区级非遗传承人许永良

知者创物　巧者述之 121
——对话江苏省工艺美术大师瞿利军

北人南相　化瑕为瑜 129
——对话江苏省工艺美术大师赵显志

德承洪范 136
——对话江苏省工艺美术大师葛洪

传承古韵　雕琢时尚 143
——对话玉石雕刻大师程磊

为“苏作”添一抹时代亮色 151
——对话省级非遗代表性传承人宋卫东

夫妻双双投身于砚海 159
——对话助理工艺美术师王福珠

惊艳国内外的“滴滴绣” 164
——对话中国工艺美术大师邹英姿

工整秀雅 174
——对话省级非遗苏州玉雕代表性传承人俞挺

我与核雕同发展 181
——对话江苏省工艺美术名人李晓青

刻苦钻研　勇于创新 187
——对话江苏省工艺美术大师陈红英

青铜化玉 194
——对话省级非遗苏州玉雕代表性传承人马洪伟

天工巧运　文心为核 201
——陆小琴核雕艺术创新访谈录

与砚结缘　刀笔生花 209
——对话苏州市工艺美术大师徐佩根

坚守“本分”的手艺人 215
——对话江苏省工艺术美术名人夏栋

辛勤耕耘　造物有灵 221
——对话“明仕阁”红木家具第五代传承人史志晔

独树一帜　自成一派 227
——对话核雕“双面十八罗汉”创始人周春毅

薛林根 国家级非遗（香山帮传统建筑营造技艺）代表性传承人

香山帮传统建筑传承人
——对话高级工程师薛林根

文／龚平

龚：薛老师好！您在香山帮传统建筑营造这一行里是“出道”得比较早的，有半个多世纪了吧？

薛：1966 年“文革”开始时，我在东渚中学读初二。学校停课后，我先去了阳山大队宣传队吹笛子。父亲说：“还是要学门手艺，荒年不荒手艺人。”我父亲弟兄四个都是瓦匠出身，我的堂兄、堂姐夫也都是瓦匠。1967 年，我开始跟大伯薛鸿兴学艺，做古建瓦工，那年我才 16 虚岁。1969 年，我被招入苏州市园林修建队，关系挂靠在吴县东渚建筑站，从此与苏州古典园林结下了不解之缘。苏州市园林修建队在 1980 年升格为苏州古典园林建筑公司，我在那里十多年，先后担任瓦工班长、施工队长、工地负责人。那里也是能够充分展示我才能的平台，1977 年我就是 4 级工了。当时我父亲是 5 级工。1982 年 10 月，我从苏州古典园林建筑公司辞职，丢掉“铁饭碗”，与另外三人合伙成立了苏州市首家民办古建公司——吴县东吴古建工艺公司（后来又曾挂靠东渚乡政府，成为乡镇企业），先薛林根，1950年生，苏州人。高级工程师。16岁时跟随大伯薛鸿兴、父亲薛福鑫学习古建瓦工、泥塑和砖细。1969年进入苏州市园林修建队后，长期从事园林造园、文物古建筑修复和设计。代表作品有：天平山御碑亭戗脊水作嫩戗发戗，拙政园4堵漏窗，山塘街玉涵堂『崇德延贤』砖雕门楼，美国纽约大都会艺术博物馆中明轩的砖细月门洞和贡式砖细樘子等。所主持的古建筑修复工程均获工程技术奖。2018年被文化和旅游部认定为国家级非物质文化遗产项目（香山帮传统建筑营造技艺）代表性传承人。

后任副经理、经理；1990 年 11 月，到苏州香山古建集团公司第四分公司任经理；1999 年 1 月，担任吴县东吴古建工艺公司转制后的苏州太湖古典园林建筑有限公司总经理，现在我是公司董事长。

龚：香山帮薛氏祖孙三代的园林匠心是业内的佳话。请谈谈您的师承谱系。

薛：我与父亲薛福鑫同在苏州市园林修建队工作时，他在实践中向我传授了不少技艺，但我正式拜的师傅是大伯薛鸿兴。1967 年起，我师从大伯薛鸿兴，学习了 2 年古建瓦工、泥塑和砖细。大伯薛鸿兴对瓦匠和木匠技艺都十分精通：瓦匠技艺是师从了他的娘舅孙春宝，孙春宝是古建老瓦匠，其代表作有东山雕花楼砖雕、泥塑等；木匠技艺则是师从了他的表娘舅朱祥庆和朱富庆，我大伯的娘舅们都是光福人，他俩都是古建老木匠，代表作有灵岩山大雄宝殿、东山雕花楼等。我在半个世纪的古建生涯中，培养了一大批专业技术人才。早在 1980 年我在苏州古建公司当瓦工班长时，就带了 10 名“叫名”徒弟。1983 年带徒朱建兴，1985 年带徒朱锦芳，他们现在都是苏州太湖古典园林建筑有限公司二级建造师、项目经理。2013 年，我带徒弟张金发，他习得一手泥塑好手艺，被评为“吴中工匠”。特别要提到的是我儿子薛东。他长期受到香山帮传统建筑营造技艺熏陶，又在专业方面接受了良好的高等教育。传统文化与现代科技的有机融合，使他“青出于蓝而胜于蓝”。他现在是国家一级注册建筑师、高级工程师，接任了苏州太湖古典园林建筑有限公司总经理、设计院长。他负责的玉涵堂修复、冈州会馆修复、忠王府修复和明清家具博物馆等工程，都获得了好评。

山塘街玉涵堂“崇德延贤”砖雕门楼

龚：请谈谈您的主要技艺特色。

薛：我是瓦匠出身，我的主要技艺大致表现在 4 个方面：其一，是各类屋脊的制作，难度极高的龙吻脊、哺龙脊、哺鸡脊和纹头脊等，我都能独立操作；其二，是各种水戗、嫩戗、发戗和宝顶的制作，特别是嫩戗、发戗的制作难度较大，要确保戗角的垂直、匀称和弧度，就需要较高水平；其三，各种类型的漏窗我都能自行设计制作，有软景、硬景、藤景、软硬混合景等多种式样，一般都是泥塑；其四，是各种砖雕，砖雕技法复杂多样，有平面雕、浅浮雕、深浮雕、透雕和圆雕等，看得上眼的、好的砖雕作品，在图案创作及砖雕制作中是很难的。

龚：一般游客去苏州古典园林、老宅大院游览，都是走马观花，而您则是在检阅自己的代表作。

薛：是的，所到之处几乎都能看到我的不同技艺的代表作。看屋脊：到天平山有乐天楼龙吻脊，有山门的哺龙脊；到虎丘有万景山庄展厅的龙吻脊等。看戗角：到网师园有标志性建筑——月到风来亭上的戗脊，还有濯缨水阁的戗脊；到怡园有藕香榭水戗、发戗，那是 1971 年大修时杜云良师傅与我一起做的。看漏窗：到拙政园有 4 堵漏窗，到天平山有高义园的 12 堵漏窗，到怡园有 10 堵门墙漏窗等。看砖雕：到山塘街有冈州会馆“敦荣乡谊”砖雕门楼；还有杨安浜玉涵堂（我们叫它“吴一鹏故居”）第三进，有座“崇德延贤”砖雕门楼，当时因年久失修，门楼上的《进京出京》戏文的雕刻人物都已被破坏，我们按原样修复，现在看上去修旧如旧；如果有机会去美国纽约大都会艺术博物馆，那里明轩的砖细月门洞和贡式砖细樘子就是我的作品。

龚：您有这么多代表作，一定得到了不少奖项。

薛：从 1969 年起，我陆续参与了西园、留园、网师园、拙政园、沧浪亭和怡园等苏州古典园林的大修，得到了一些奖项和业内的肯定。2006 年 6 月，“张氏义庄、亲仁堂移建保护工程”荣获首届

天平山高义园花漏窗

苏州市文物保护优秀工程一等奖，“太仓市张溥故居环境整治工程”“山塘街玉涵堂修复工程”双双荣获二等奖；同年，荣获首届江苏省文物保护优秀工程评比技术奖。2008 年 6 月，“太平天国忠王府维修”项目荣获第二届苏州市文物保护优秀工程一等奖，“山东会馆门墙修复”项目荣获二等奖。2012 年 11 月，“苏州市诸公井亭保养维修工程”荣获第三届江苏省文物保护优秀工程评比优秀设计奖。2014 年 12 月，“天平山御碑亭戗脊水作嫩戗发戗”项目荣获苏州市香山帮营造协会授予的中国非物质文化遗产项目香山帮传统建筑营造技艺传承代表作。早在 1993 年，由我以建设部专家身份领队赴日本长崎建造的苏式园林“凑公园”，荣获日本金熊奖。

龚：请谈谈您所得到的荣誉。

薛：我是高级工程师。2018 年 5 月，被文化和旅游部认定为国家级非物质文化遗产项目（香山帮传统建筑营造技艺）代表性传承人。1996 年 7 月，获中国风景园林学会授予的“古建技术名师”荣誉称号。2008 年 6 月，被苏州市人民政府评为“苏州市 2006—2007 年度古建筑抢修保护先进个人”。2009 年 7 月，被中国民族建筑研究会授予中国营造技术人物传承奖。2013 年 12 月，被联合国教科文组织亚太地区世界遗产培训与研究中心古建筑保护联盟授予苏州古建筑营造修复特别贡献奖。

邢伟中 国家级非遗（制扇技艺）代表性传承人

馥郁随风　情有苏扇

——对话中国工艺美术大师邢伟中

文/龚平

龚：邢老师好！您对檀香扇情有独钟。之前就曾听您说过，您这辈子对檀香扇是“一头扎进去”的，而这一扎就是半个世纪了。

邢：是的。我 1970 年 10 月进苏州檀香扇厂工作，随后参加了市工艺美术公司组织的技训班，经过一年学习后，进了檀香厂设计室。1974 年 9 月又到南京师范学院（今南京师范大学）美术系深造，1976 年 10 月毕业后回到厂设计室，师从周天民老师。直到 2002 年 7 月，我一直在苏州檀香扇厂设计室担任设计师，从事烫花技艺设计研究。后来我被调入苏州工艺美术博物馆，继续从事檀香扇烫花技艺设计研究。先后担任苏州工艺美术学会会长、苏州工艺美术行业协会秘书长。2020 年，被聘为苏州工艺美术研究院特聘研究员。

龚：您在苏州檀香扇技艺传承谱系中处于一个重要环节，而且代代有发展创新。是这样吗？

邢：从传承谱系上来说，我的师傅是著名苏扇工艺设计家周天民，他所创作的作品有“周派”之称，被公认为给檀香扇技艺发展开了先河。我师承周天民老师后，又在檀香扇制作技艺上有了新一轮的发展。在技艺传承方面，我最早在檀香扇厂时带的徒弟陈琴，在烫花技艺上具有独到之处，早已成为省级非遗制扇技艺代表性传承人。近十多年来，我又收张珊、张良、沈劼、陈勤、方颖、盛春、马力、贾丽、丁晓芳等人为入室弟子。我还被选聘为江苏省委宣传部、省文联、省民协主办的江苏文艺“名师带徒”计划首批名师。近年来，又先后受聘担任苏州市职业大学艺术学院专业指导委员会委员、苏州旅游与财经高等职业技术学校客座教授等，并在后者校内建有“苏扇大师工作室”。

龚：明清时期，苏州传统工艺美术融入了文人雅士的审美追求和意趣，并形成了“苏作”的独特传统。檀香扇的形成与发展，正是这样的一个典型案例吧？

邢：是的。我们现在说的“苏扇”，是折扇、檀香扇和绢宫扇的统称。而檀香扇就是从折扇发展演变而来的，因为扇骨、扇面都采用檀香木，所以得名“檀香扇”。其实，明清时就有人用檀香木制作扇骨，但还没延伸到扇面，更没有形成气候。今天人们熟知的精雕细镂的檀香扇，是发源于苏州、形成于民国时期的。

龚：您曾经在南京师范大学美术系深造，这其实也体现了苏作融入文人审美意趣的传统。刚才谈到您在师承基础上在檀香扇制作技艺方面有了新一轮发展，能具体谈谈吗？

邢：檀香扇制作技艺独特，它的“拉花”“烫花”“画花”和“雕花”工艺素负盛名，被称为“四花”。其中“烫花”是檀香扇技艺中比较突出的环节。以前檀香扇的“烫花”主要局限在小尺寸范围内，图案也比较单调，总体来看不够大气。从 20 世纪 80 年代开始，由我主导创作，成功探索了大型檀香扇的制作，并不断深化技艺。比如我制作的 50 厘米大型拉烫檀香扇《唐伯虎点秋香》，就成功地突破传统小规模制扇方式。在扇面打开近 100 厘米的空邢伟中，1954年生，苏州人。研究员级高级工艺美术师、中国工艺美术大师，毕业于南京师范大学美术系。1970年进苏州檀香扇厂工作，师从著名制扇艺人周天民。从事檀香扇创作50多年，积累了丰富的技术内涵，成绩卓越。代表作品有檀香艺术扇唐伯虎点秋香，拉烫檀香扇人文荟萃·歌舞升平、姑苏名胜拙政园、贵妃出巡图等。他还尝试创作了大型沉香、檀香九龙至尊宫扇，折扇拙政园·香洲春晓和宫扇蛟龙戏水等，展品多次参展并获奖项。2012年被认定为第四批国家级非物质文化遗产项目（制扇技艺）代表性传承人，同年被授予『中国工艺美术大师』称号。

间内大胆采用中国画年画技法，在烫烙过程中运用工笔线条，再施以油画的衬擦法，使得整个扇面呈赭色，色泽有深浅，主题鲜明，风格典雅，给人耳目一新之感。后来，我又在大型檀香扇上创造双面异样画面，代表作品有《人文荟萃·歌舞升平》等。还使多种技法融入制扇表现手法，如大型立雕艺术宫扇《九龙至尊》，就采用立雕、浮雕、镶嵌等多种工艺手段，显现了它的综合艺术魅力。

龚：这些都是您的代表作了吧！请介绍一下您的获奖和参展作品。

邢：1987年，我的双面异样立雕象牙宫扇《虎丘·北寺塔》就荣获全国五小智慧杯一等奖。2003年，大型双面异样檀香扇《人文荟萃·歌舞升平》荣获江苏省工艺美术精品博览会“艺博杯”金奖。2004年、2005年，沉香、檀香雕刻《九龙至尊》宫扇和乌木浅刻描金扇《贵妃出巡图》先后荣获第五届、第六届中国工艺美术大师作品暨工艺美术精品博览会金奖。2008年，象牙宫扇《腾龙

大型立雕宫扇《九龙至尊》

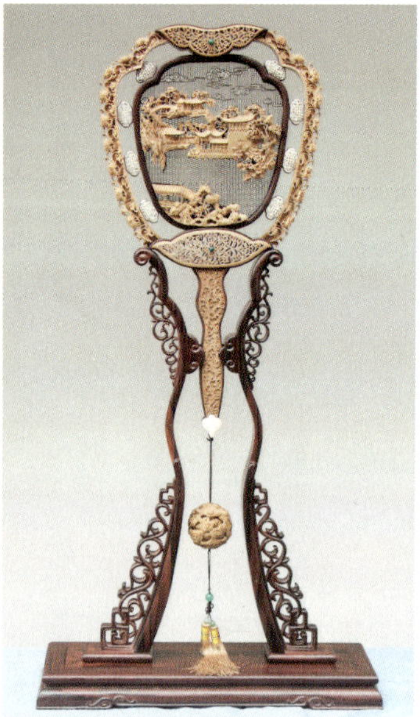

立雕檀香、紫檀宫扇《姑苏名胜拙政园》

嬉水》荣获江苏省文化产业交易会暨工艺美术精品博览会“艺博杯”特等奖，象牙宫扇《乌龙戏水》荣获第九届中国工艺美术大师作品暨国际艺术精品博览会 2008“天工艺苑 · 百花杯”金奖。2010 年，象牙浅刻台屏《姑苏名胜拙政园》荣获江苏省工艺美术精品博览会“艺博杯”金奖。2016 年，26 厘米双面异样拉烫檀香扇《阿房宫赋 · 荷塘月色》、26 厘米拉烫檀香扇《游园惊梦》双双荣获中国（苏州）“启迪 · 苏艺杯”国际工艺美术精品博览会金奖。2016 年、2018 年，立雕檀香、紫檀宫扇《姑苏名胜拙政园》、大型拉烫檀香扇《唐皇携妃图》先后入选中国艺术研究院、中国工艺美术馆、国家博物馆举办的中国当代工艺美术双年

大型拉烫檀香扇《唐皇携妃图 》

展。2019 年，在苏州博物馆举办“苏艺天工”檀香扇艺术作品个人展，26 厘米双面异样拉烫檀香扇《贵妃赏乐 · 猫戏图》先后荣获中国“苏艺杯”国际工艺美术精品博览会金奖、中国 · 青岛工艺美术博览会“金凤凰”创新产品设计大奖赛青岛赛区金奖，26 厘米拉烫雕边檀香扇《元春省亲》荣获第十二届中国工艺美术大师作品暨手工艺术精品博览会“百花杯”金奖，大型拉烫雕边檀香扇《赏春图》、大型檀香立雕艺术宫扇《姑苏名胜拙政园》入展第五届东方工艺美术之都博览会并双双荣获特别荣誉奖。2021 年，红木立雕宫扇《阿房宫赋 · 童贞戏趣》参加在北京中国美术馆举办的江苏民间工艺美术精品晋京展；多件作品在上海国展

拉烫双面异样檀香扇《人间仙景·风华绝代》

中心设立的“苏作馆”中长期展示。这些获奖作品中多件被国家博物馆、中国工艺美术大师博物馆（江西）、苏州博物馆、苏州工艺美术博物馆、西班牙马德里康普顿斯大学博物馆等收藏。

龚：您的获奖和参展作品很多。您也一定参加了不少交流活动吧！

邢：我多次出国做技艺演示，都获得了高度赞誉。1986 年 6 月至 7 月，我就作为中国传统技艺代表赴日本做烫花表演。2003 年，我的檀香拉烫宫扇和双面异样艺术小宫扇等作品先后参展在法国巴黎的“中法文化交流——中国江苏工艺美术精品展”和苏州市政府赴日本、韩国举办的“工艺美术精品展”。2016 年，赴捷克、奥地利参加“苏州·布拉格·维也纳中国雕刻雕塑名家精品展”并出版艺术家专集。2017 年，赴西班牙参加第三届 CCACO 西班牙中国文化节活动，《贵妃出巡图》《寒山寺》《茶烟棋声》等作品亮相展厅，获组委会颁发的荣誉金奖，并在马德里理工大学做了主题演讲。

龚：一把檀香扇，您做了半个世纪。请谈谈您得到的荣誉。

邢：我是研究员级高级工艺美术师。1987 年，被团中央授予“全国新长征突击手”称号。2012 年 11 月，被授予“中国工艺美术大师”称号。2012 年 12 月，被认定为国家级非物质文化遗产（制扇技艺）项目代表性传承人。近年来，被中国轻工业联合会中国工艺美术大师工作委员会授予“2019—2020 年度突出贡献大师”荣誉称号；工作室被省人社厅命名为“江苏省乡土人才大师工作室”。

龚：您是一位既有实践又有理论的工艺美术大师，请谈谈您所发表的论文和一些基本观点。

邢：总结自己半个世纪来的创作经验，我撰写了多篇论文，先后在《中国工艺美术》《姑苏工艺美术》等刊物上发表。我的论文《传统工艺美术檀香扇创作设计的感悟》被评为“2014—2015 年度苏州市自然科学优秀学术论文三等奖”。2015 年，我主编了由江苏凤凰美术出版社出版的《百工录——中国工艺美术记录丛书：檀香扇制作技艺》。我还受邀参加了电视传媒的宣传推介，如央视十套《探索发现》栏目拍摄的《匠人匠心檀香扇专题纪录片》、凤凰卫视《文化大观园》录拍的《馥郁随风——苏州制扇大师邢伟中》，我还曾走进江苏卫视《孟非直播厅》，展演苏扇艺术。

蔡金兴 省级非遗（藏书澄泥石刻）代表性传承人

刻砚半世纪　石缘一辈子

——对话第四代制砚传人蔡金兴

文／龚平

龚：蔡老师好！可以用“刻砚半世纪，石缘一辈子”来形容您，请谈谈您的刻砚和石缘。

蔡：我不到 10 岁就跟在父亲身边看制砚。“文革”开始后，学校停课，我便操起铁凿学做学生用的小砚台。1968 年，我进入新成立的藏书砚台厂，技艺进步很快，四五年后就担任了技术指导。20 世纪八九十年代，我被苏州文物商店选中，特聘到店里修补古砚，并按照店里提供的旧砚和拓片制作仿古砚台，这个阶段对我全面掌握苏派砚雕技艺帮助很大。也是从那个时期起，我开办个人砚雕石雕工作室“慧石居”至今。

龚：传统工艺美术是很讲究传承谱系的，请介绍一下您制砚的师承关系。

蔡：清末民国初年，我们善人桥这一带制砚从业者就很多。我的师承关系往上推，第一代祖师是清末善人桥邵家上村的“老秃头”，他的制砚技艺绝高。“老秃头”在把女儿嫁到牛场郎马姓人家的同时，也把制砚技艺传了过去。马姓人家得蔡金兴，1954年生，苏州人。研究员级高级工艺美术师、江苏省工艺美术大师。自幼随父亲蔡根土学艺，为第四代制砚传人。擅长砚雕和石雕。代表作品有老来得子、笸箩春蚕砚和江南编织系列石雕等。2010年被认定为江苏省非物质文化遗产（藏书澄泥石刻）项目代表性传承人。

此制砚技艺，就在上海的方浜路开了爿前店后坊的“马兴记”砚店，这是第二代。“马兴记”店主把技艺传给联了姻亲的我父亲蔡根土，他成为第三代。我父亲把技艺传给了我，我就是这个谱系的第四代传人了。技艺传承，核心在人。以前，在我精力充沛的时候，敞开收徒之门，先后手把手地教过十多个徒弟，目前有顾福男、王卫红等六七人坚持了下来。我儿子蔡春生也非常喜欢砚雕、石雕，一边工作一边跟我学艺，如今已是苏州市工艺美术大师和市级非遗代表性传承人了。他是第五代传人，雕刻作品很有当代视角，曾获得 2014、2016 中国（苏州）“子冈杯”玉石雕精品展金奖。

龚：在 2007 年公布的首批江苏省非遗代表性项目名录中，这个项目被定为“藏书澄泥石刻”。但我知道，我们常说的“藏书澄泥砚”确切地说是应该叫“𡻕村砚”的。

蔡：现在说的澄泥石，主要产自灵岩山。汉代《越绝书》就记载“吴人于砚石（山）置馆娃宫”，说明灵岩山采石制砚的历史不会晚于汉代。灵岩山砚坑位置主要在西麓的𡻕村，所产砚台就被称为“𡻕村砚”了。由于历史变迁，当时的𡻕村究竟是后来的哪个村已难以确认，但现在灵岩山西麓藏书一带还有“西𡻕村”的地

《江南编织》系列石雕

名。藏书㠭村砚历史悠久，发轫于汉代，发达于唐宋，到清代已有很高的地位，深得文人墨客赏识，并成为贡品。清代乾隆《西清砚谱》收录的宫廷古砚中，被列入正册的名砚有端砚、歙砚、洮河砚等，还有五方㠭村石砚，而红丝砚、松花石砚等都只收在附录里。因“㠭”字生僻，㠭村砚曾有“吴县澄泥砚”“灵岩石砚”等许多别称，新中国成立以来，提得最多的是“藏书澄泥砚”。省级非遗代表性项目名为“藏书澄泥石刻”，是考虑到石刻的范围要比砚台大，而且藏书一带人们不仅从事砚台制作，还用砚石制作其他石刻。

龚：可以说，您是目前极少数比较全面掌握传统澄泥砚雕技艺的砚雕家，您对苏派制砚的传承、发展、创新做出了贡献。

蔡：我主要是喜欢制砚、喜欢石刻，只要摸着刻刀、端着砚坯就开心。技艺方面，我的石刻技术可以说是博采众长：一是得自父亲蔡根土真传，全面掌握苏派砚雕雅致古朴、追求线条的技法；二是在苏州文物商店学习制作精品古砚，吸收了各派砚雕技艺之营养；三是擅于因石施艺，澄泥石产自藏书一带的山中，各山各宕口的石头都有很大区别，不仅体现于色彩，还在于硬度、粗细。我经常说，如果不能对付各种石头，就不是一个好的雕刻家。要说贡献就太客气了！我就是心里有这样的想法：一是继承纯正的传统苏作砚雕技艺，为它的延续和发展尽自己的一份力；二是加强写实创作能力，我很重视融入生活情趣，在砚台上加入个人情感，设计加工了农家米匾砚、草鞋砚、竹节砚、古琴砚、琵琶砚等一些新的苏作砚雕作品；三是工艺要创新，在澄泥石砚最艰难的 1987 年，我就在藏书率先创制石壶雕刻，带动了藏书石雕产业发展。后来，又开拓了席纹镇纸、栲栳笔洗等文房器物的创作，设计款式数百种。

龚：请介绍一下您的代表作品和获奖作品。

蔡：2001 年，作品《老来得子》《六顺宝塔竹套壶》分获首届中国石壶技术创作大奖赛金、银奖。2002 年，作品《水乡一家和》荣获中国华东工艺美术精品展金奖。2012 年，作品《笸箩春蚕砚》荣获中国民间工艺品博览会金奖、石雕《慧石竹韵》荣获中国“苏艺杯”国际工艺美术精品博览会金奖。2014 年，作品《印象江南》荣获中国民间工艺品博览会金奖。2016 年至 2020 年，三件作品先后荣获中国“苏艺杯”国际工艺美术精品博览会金奖。特别是《江南编织》系列石雕，这几年荣获中国民间工艺品博览会金奖、江苏省民间文艺大奖（原“迎春花”奖）、苏州“子冈杯”玉石雕精品展金奖、苏州精神文明建设“五个一”工程奖等。在作品收藏和展览交流方面，2017 年，作品《灵芝砚》被中国美术学院收藏。2019 年，作品《笸箩春蚕砚》被中国美术馆收藏，还有多件石砚和石雕作品分别被浙江省博物馆、苏州工艺美术博物

《百菇砚》

馆和高二适纪念馆等收藏。2000 年《仿古东巴文化砚》等多件作品参展 APEC 财长会议展览，作品《仿竹提梁壶》《水乡一家和》等随中国苏州传统工艺精品展赴欧洲展示。2016 年，我在苏州博物馆举办了“苏艺天工——蔡金兴砚雕暨澄泥石刻展”。2009 年 9 月，去澳门开展了为期一个月的“苏州雕刻工艺精品展演”活动，后又应邀参加澳门特首 2010 春节团拜会，并介绍苏州澄泥砚制作技艺与作品，得到高度评价。

龚：您一辈子制砚，一定得到了不少荣誉。

蔡：我是研究员级高级工艺美术师。2010 年 9 月，被认定为江苏省非物质文化遗产（藏书澄泥石刻）项目代表性传承人；2011 年 11

《抄手砚》

月，被授予“江苏省工艺美术大师”称号。我还是江苏省乡土人才“三带”名人，我的工作室被评为“江苏省工艺美术大师示范工作室”。

龚：请谈谈您出版的专著和基本观点，还有传媒的推介宣传。

蔡：2009年，我与叶志明先生合作出版了专著《吴中绝技·中国研砚》，主要是对苏州砚雕的艺术风格做了研究和梳理，对苏作砚雕简约、典雅、文气的特征进行总结，进而落实到技艺传承和创作之中。2016年，出版了《苏艺天工大师系列——蔡金兴砚雕暨澄泥石刻集》。20多年来，《人民日报》《收藏》报刊等以《吴中第一刀》《蔡金兴先生精品石壶欣赏》为题给我做专版介绍。中央电视台和苏州广电总台等也先后拍摄了《乡土》专集和《手艺苏州》专题片等。《中国艺术报》《文汇报》《东方杂志》《苏州日报》《姑苏晚报》等媒体也都有专题报道。

林怡

省级非遗（苏州漆器制作技艺）代表性传承人

东方特质的漆艺

——对话省级非遗苏州漆器制作技艺代表性传承人林怡

文／怀念

怀：请您谈谈从艺起点、转折。

林：1983 年 5 月从苏州工艺美院毕业后，我到苏州漆器雕刻厂设计室任设计员，设计制作外贸漆器工艺品等。1986 年设计作品《匠心》入选“中国漆画展”。1987 年我以设计室负责人身份参加轻工部举办的全国漆器行业漆艺设计理论培训班后，加入厂内组建的研究所，负责设计制作样品工作，我设计的刻漆挂屏《桐桥倚棹》入选当年全国工艺美术展览。1988 年任苏州漆器雕刻厂设计室主任。

怀：请说一说您的师承关系。

林：1973 年 6 月高中毕业后，我被分配到苏州红木雕刻厂漆器车间设计室当学徒，先跟随濮安国学习家具设计，后跟随亢公奭、沈德潜学习漆器设计，1976 年 6 月又跟随黄瑛琪学习刻漆技法。1979 年 6 月漆器车间从苏州红木雕刻厂划出，单独成立苏州漆器雕刻厂，我被分配到苏州漆器雕刻厂设计室任设计员，同年林怡，1956年生，福建人。高级工艺美术师、苏州市民间工艺家，苏州葆怡堂创始人之一，从事苏州漆器制作逾40年。代表作品有刻漆姑苏台、戗金版金阊图·三百六十行、素刻版金阊图·三百六十行等。现为中国文物学会漆器珐琅器专业委员会常务理事、故宫研究院明清宫廷制作技艺研究所客座研究员、江苏省非物质文化遗产项目（苏州漆器制作技艺）代表性传承人。

12月，考入苏州工艺美院，脱产3年，开始工艺绘画花鸟画专业的学习，跟随张继馨学习花鸟画，跟随袁颂眠学习动物画。

怀：请您谈谈从事艺种的历史及在苏州的发展。

林：我国历来产漆，有很长的制漆、制作漆器历史，据考古发现和文献记载，最早的漆器制品可追溯到8000年前的跨湖桥文化，并一直延续至今。漆器制品从专供皇室到进入民间历经千年，漆器、礼器、兵器、交通工具、酒具、食具、家具、棺材、饰物等贯穿了人们的生活。苏州漆器制作技艺于明清时期发展达到鼎盛，彩绘、脱胎、款彩、雕漆等不胜枚举。在清代画家徐扬创作的《姑苏繁华图》中，就有桐油、银珠、漆器、丹粉、颜料等相关的店招，乾隆皇帝更御诗“吴下髹工巧莫比”赞之。清末，国力衰弱，苏州漆器因其极高的制作要求和造价高昂等因素，逐渐进入低谷期，一直到新中国成立后的五六十年代才又开始有所改善。

怀：请您谈谈对从事工艺的传承、发展、创新、主要业绩与贡献。

林：20世纪90年代，我能独当一面，负责厂内外销产品的设计任务，主要产品有漆器屏风、炕几、箱、柜等。我一方面参与

《金阊图·三百六十行》(戗金版)

每年春秋两届的广州交易会的外贸漆器制品设计制作，屡获订单；另一方面负责为上海音乐学院仿唐乐器做平磨螺钿与漆绘，先后髹饰90余件丝竹乐器，主持设计制作的作品多次获奖。

怀：请具体介绍一下您的获奖作品或代表作。

《金阊图·三百六十行》(素刻版)

林：1989年，我的作品《瑶池仙境》地屏获中国工艺美术“百花奖”三等奖及部优产品奖三等奖。2006年,作品《藕盒》获苏州工艺美术精品展铜奖。2008年,作品《玉堂富贵》获“漆花杯”中国漆器艺术精品展银奖，作品《上韵》《山高水长》分获第十届中国工艺美术大师作品暨国际艺术精品博览会“天工艺苑·百花杯”中国工艺美术精品奖银奖、优秀奖。2011年4

月，作品《伯爵图》参展中国漆器艺术精品展“百花·漆花杯”获银奖，作品《有凤来仪》参展中国漆画艺术精品展。2012年，作品款彩版《金阊图·三百六十行》《姑苏台》参加中国（苏州）工艺美术·丝绸艺术大展暨首届“苏艺杯”精品评选，分获金奖、银奖，款彩版《金阊图·三百六十行》被苏州工艺美术博物馆收藏，《姑苏台》被苏州市非遗博物馆收藏；作品《兰》被上海艺术礼品博物馆收藏。2014年，研究并复制乾隆时期内装修隔扇心漆纱装饰物，获阶段性成果，作品《田园春晓》参加大漆艺术——2014海峡漆艺术大展并被福建省美术馆收藏。2016年，作品《金母元君》（《金母娘娘》）《玉堂富贵》参加中国（苏州）“启迪·苏艺杯”国际工艺美术精品博览会，分获金奖、铜奖，戗金作品《有凤来仪》捐赠苏州市档案馆收藏；2017年，被苏州市工艺美术行业协会等评为创新发展奖，作品黑白款彩人物系列参加江南国匠——当代苏州园林与生活艺术展，同年，作品《神树》（戗金版）被中国美术学院民艺博物馆收藏。2018年6—7月，苏艺天工大师系列——林怡漆器艺术个展在苏博忠王府楠木厅举办，展出有《上韵》《姑苏台》《君子之约》《金母元君》《百子图》《一团和气》《田园春晓》《熙》《春华秋实》《喜相逢》等作品超过100件，观看人数超过30万，作品《黑漆螺钿立柜》（《满天星圆角柜》）和《黑漆戗金琴桌》（《君子之约》）捐赠苏州博物馆收藏；同年，作品《神树》在中国“苏艺杯”国际工艺美术精品博览会获金奖，作品《金阊图·三百六十行》（素刻版）被苏州工艺美术博物馆收藏。2020年，作品《桃源仙境图》（素刻版）和《红丝草》（戗金版）受邀参加中国（苏州）工艺美术精品博览会精品展。

怀：请谈谈您所获职称、荣誉称号。

林：我于1999年获高级工艺美术师职称。1988年，被聘为江苏省工艺美术学会漆艺专业委员会委员。2002年，任中国工艺美

《姑苏台》

术学会会员和中国工艺美术学会漆艺专业委员会第一届理事会理事。2010 年 6 月，成为苏州市苏州漆器制作技艺代表性传承人，同年 12 月，成为江苏省工艺美术学会会员。2011 年 4 月，任中国工艺美术协会第二届漆艺专业委员会委员，同年，入选第三届苏州市民间工艺家。2013 年，获 2010—2012 年行业贡献奖和“苏州工艺美术职业技术学院装饰艺术系企业骨干教师”称号。2015 年，被聘为故宫研究院明清宫廷制作技艺研究所研究员和苏州市工艺美术学会第六届理事会常务理事。2019 年，被故宫研究院聘请为明清宫廷制作技艺研究所客座研究员、中国文物学会漆器珐琅器专业委员会常务理事。2020 年，被认定为第五批江苏省非物质文化遗产代表性传承人。

怀：请谈谈您的主要论文及基本观点。

林：1996 年，我撰写论文《漆艺屏风的设计及审美》，着重叙述了漆艺屏风作为家具，在人、物、环境三者关系中起到的历史作用以及其分类、构造、制作方法和必然趋势，通过实例说明漆艺屏风的艺术魅力和地位，深入阐述了追求审美情趣的观念形态与设计工作之间的关系。该论文在 1997 年浙江省慈溪市举办的明式家具学会国际研讨会上发表，并获 1996—1997 年度苏州市自然科学优秀学术论文二等奖。另撰有《漆器企业现状的剖析》和《漆艺走进现代生活》，分别刊登在《中国漆艺》1988 年第 3 期和第 5 期。

周建明 国家级非遗（光福核雕）代表性传承人

核雕生涯的传奇者

——对话国家级非遗光福核雕代表性传承人周建明

文／龚平

龚：周老师好！您的核雕生涯比较传奇。您出生在舟山村，学了3年核雕技艺后，又成了恢复高考后的大学生。在大学课余坚持雕刻，学校还给您出具了“勤工俭学”证明书。

周：是的。1974年7月，我从光福中学毕业后在自己家乡的舟山工艺厂学了3年半的核雕技艺。1978年，考入南京师范学院政教系学习。当时大学课程很紧张，但系里还是同意我利用课余时间进行核雕创作，并出具了“勤工俭学”证明书。大学毕业时，我是有机会被分配进县委宣传部门工作的，但我还是喜欢核雕，考虑到学校里有寒暑假，就回到光福中学任教。后来，又调到藏书中学任教。1989年暑假过后，我担任了藏书中学校办厂厂长，负责橄榄核雕的传承、生产及销售工作。1992年9月，建立“周建明核雕工作室”，潜心研究核雕技艺，走上了专业从事核雕制作和传承、研究和创新之路。

周建明，1956年生，苏州舟山人。研究员级高级工艺美术师、江苏省工艺美术大师。师从钟年福学习核雕技艺，后考入南京师范学院，毕业后在藏书中学任教，1992年9月，建立了『周建明核雕工作室』，潜心研究核雕技艺，走上了核雕制作和传承、研究和创新之路。擅长核雕人物和苏州园林风景，代表作品有历代诗人、苏州园林、十八罗汉头、八仙巡游、普天同庆等。为殷根福核雕技艺第四代嫡传，2018年被认定为国家级非物质文化遗产（光福核雕）代表性传承人。

龚：请谈谈您的师承谱系。

周：20世纪70年代，我在舟山工艺厂学习核雕技艺，师傅是钟年福。钟年福师从殷荣生，而殷荣生师从他父亲——光福核雕近代创始人殷根福。可以说，我是殷根福核雕技艺的第四代嫡传。20世纪80年代中后期，我开始在本地培训学徒。1992年创建核雕工作室后，除了继续在苏州本地招收学徒之外，我还在国家级贫困县安徽省利辛县创办核雕专业班，并多批次面向江苏、安徽、河北等地招收学徒。至今直接培养的学徒有100多名，除了苏州本地的之外，主要是安徽籍和江苏籍的，还有云南、河北、北京、内蒙古、陕西等地的，可谓徒弟遍布全国各地。不少出师学徒再“开枝散叶”，授艺人数已有数百人之多。我的内蒙古学徒焦峰已成为内蒙古自治区工艺美术大师。还有夏继来、竹鑫尧、浦继峰等徒弟在2017年入围江苏省传统技艺技能大赛前十名，并获得“江苏省传统技艺技能大师”“江苏省技术能手”等荣誉称号。

龚：您怎么总结自己的技艺特点？

周：对于自己的技艺特点，我是从这5个方面来定位的：一是作品题材广泛且新颖，涉及人物、动物、植物、风景园林等类别；二是作品具有文化属性，能够把人物雕刻与文字雕刻相结合，比如作品《历代诗人》主题是人物配诗句,《浮雕十八罗汉》是人物配经文；三是刀法自然流畅，线条清晰，布局合理，表达细腻耐看；四是技法运用比较全面，圆雕、浮雕、镂雕都能熟练运用；五是作品款式多样，串件、摆件等都有。我觉得作品具有文化属性，是我的代表性特点。

龚：那么，请介绍下您的获奖作品。

周：2003 年 11 月,《麻姑献寿》荣获第五届中国工艺美术大师精品博览会金奖。2005 年 3 月,《苏州园林十景》荣获全国礼品艺术品博览会一等奖。2006 年 11 月,《八仙庆寿》荣获中国海峡工艺品博览会金奖。2007 年 4 月,《钟馗纳福》荣获第 42 届国际旅游品和工艺品交易会金奖。2008 年 8 月,《历代诗人》荣获 2008 中国手工艺精品博览会金奖。2010 年 8 月,《北京胜迹》荣获第五届中国民间工艺品博览会金奖。2014 年 11 月,《苏州园林》荣获首届中国（苏州）民间艺术品博览会金奖。2016 年 5 月,《闹元宵》荣获中国工艺美术作品评比百花奖金奖、《三国演义》荣获第五届中国传统工艺美术精品展"巧夺天工·金马奖"金奖。2017 年 11 月,《八仙巡游》荣获江苏省第三届雕刻艺术大赛金奖。2018 年 10 月,《普天同庆》荣获第十九届中国工艺美术大师作品暨手工艺精品博览会"百花杯"金奖。

龚：您的展示、演示等交流活动也很多，请您介绍一下。

周：是的，不计其数。早在 2002 年 4 月我就参加了苏州市民间文艺家协会组织的"苏州同里古镇文化节"演示活动。2004 年 6 月，参加了中国民间文艺家协会组织的雕刻、陶瓷、剪纸传承学术活动。之后，我参加的主要活动有：2004 年 10 月，由中国工艺美术学会民间工艺美术委员会举办的中国民间绝艺大赛；2010 年 10 月，由文化和旅游部在济南举办的首届中国非

《麻姑献寿》

《钟馗纳福》

物质文化遗产博览会，同年 11 月我出访日本松阪市并操作演示，受到市民高度赞赏；2011 年 3 月，参加由苏州市人民政府组织的北京爱慕美术馆苏州非物质文化遗产作品展；2011 年 5 月，参加文化和旅游部举办的第三届中国成都国际非物质文化遗产节并做演示；2014 年，出访澳大利亚昆士兰州展示中国核雕技艺；2015 年 10 月，随中国对外友好协会出访俄罗斯，参加“聆听中国—民间艺术展”；2015 年 11 月，参加由国家旅游

《福禄寿禧》(局部)

《周氏般派罗汉》

局组织的第十届海峡两岸台北旅展，进行民俗艺人表演；2017年10月，受文化和旅游部委派赴美国西雅图半岛学区上核雕艺术课；2018年2月，受邀赴拉脱维亚首都里加参加“欢乐春节”大型文化交流活动；2019年3月，参加在中国美术馆举办的工匠精神·琢境——江苏雕刻艺术作品邀请展，作品《闹元宵》被中国美术馆收藏；2019年10月，随江苏工美展团参加澳门国际文化艺术品暨非物质文化遗产展览会；2020 年 9 月，参加 2020 年中国国际服务贸易交易会，展示核雕作品。

龚：您一定得到了不少荣誉吧！

周：我是研究员级高级工艺美术师。2011 年 11 月，被授予“江苏省工艺美术大师”称号。2018 年 5 月，被认定为国家级非物质文化遗产代表性项目（光福核雕）代表性传承人。我的工作室还于 2017 年 9 月，获评首批江苏省工艺美术大师示范工作室（核雕类），同年 12 月，我获评江苏省乡土人才“三带”名人。2018 年 12 月，工作室被评为江苏省乡土人才技能大师工作室。

龚：您可以说是首批拥有高等学历的核雕从艺者，一定有理论与实践相结合的学术、教学成果。

周：我通过实践来总结理论，也参与了非遗核雕项目普查工作。在此基础上，相继撰写了《橄榄核雕艺术品的养护》《核雕艺术品的选购》《浅谈核雕》《我的从艺经历》《疯狂的橄榄核》《意趣天成的核雕艺术》《核雕艺术课堂讲义》等专业性研究文章。这些文章先后在国家级和省市级工艺美术杂志上发表，其中有两篇被上海文艺出版社出版的《吴中绝技·中国核雕》一书收录。2018 年 9 月，苏州大学出版社出版了我著的《橄榄核雕的制作与鉴赏》，这是国内第一部从理论到实践层面系统阐述核雕制作技法与把玩鉴赏知识的专著。全书 19 多万字，首次提出并探讨了核雕从业人员应具备的素养以及“工匠精神”与核雕创作的深层次关系，从收藏出发，系统描述了核雕的分类、属性、鉴赏等知识，为工艺美术领域的教学研究提供了核雕类教材。中央电视台《探索发现》栏目《匠人匠心》节目组来我工作室全程拍摄我现场雕刻作品、讲解核雕历史，2021 年 3 月 13 日，央视播出了这一期节目。

李荣森 国家级非遗（剧装戏具制作技艺）代表性传承人

剧装戏具代代相传

——对话国家级非遗剧装戏具制作技艺代表性传承人李荣森

文／龚平

龚：李厂长好！我习惯叫您李厂长。认识您这么多年，我一直觉得，您生来就是做戏衣的。

李：也许是家族遗传使然，我确实生来就与戏衣有缘。我的祖父和父亲都是苏州剧装戏具厂的技术老骨干，我自小就喜欢跟在他们身后，看他们制样图、做戏衣，摸摸那些蟒袍，碰碰摆列的刀枪。我在阊南中学初中没读完，全家就下放到了苏北农村。1976年，在滨海绣品厂随父学习传统戏衣戏具制作技艺，当时我才21岁。从开料学起，到画白粉、刺样、印花、排版，每道工序都学了，3年过后当地主管工业的办公室领导就提拔我当了副厂长。但我还是心心念念地要回苏州，因为苏州是历史文化古城，也是剧装戏具制作业的发源地。后来，我以工人身份回到苏州。原来调令单上是安排我到苏州开关厂，不久市工艺美术局就把我调入苏州剧装厂。到厂后，我先是在放绣站习学配色与刺绣。20世纪90年代初我先后担任生产调度、研究室主任、生产技术科长。1993年，我担任分管剧装戏具产品的技术副厂长，并主抓传统戏衣的改良创新工作。在这个过程中，我基本掌握了全部剧装产品的生产工艺和大部分道具产品的制作过程。企业改制后，担任苏州剧装戏具合作公司总经理、技艺总监至今。

龚：您是剧装戏具世家出身，请谈谈您的师承关系。

李：我从事剧装戏具制作系家传。我的祖父李鸿林，16 岁时到苏州杨恒隆戏衣店做学徒，拜店主杨槛卿为师。20 世纪初，他受师傅派遣去北京开设“杨恒隆”戏衣店北京分店，满师后自己创业，先是在北京与人合伙开设了一间戏衣店，其后又转移到天津开店，1920 年回苏州。20 世纪 20 年代他开设了“李鸿昌”戏装店，经历几十年风雨，店于 1956 年公私合营并入苏州剧装戏具厂。1958 年，苏州剧装戏具厂在全厂 800 多名工人中仅评出 3 位“老艺人”，他就是其中之一。可以说，我祖父李鸿林是 20 世纪苏州剧装戏具的第一代传人。他一生授徒甚多，在第二代传人中有相当多的技术好手都是他的学生。我的父亲李世泉，年轻时在祖父店里学艺从业。他以剧装图案设计见长，同时对刺绣和色彩等也有相当的造诣。1956 年公私合营后他在苏州剧装厂工作至退休，20 世纪 60 年代还曾编撰过《苏州剧装》一书。我随父学艺，就属第三代传人。以目前来讲，翁维是我带的徒弟之一，如果从师承上讲她属第四代了。她从事戏衣制作这个行业也有 20 多年了，对戏衣制作的各道工艺都很熟悉，擅长图案设计。在全国同行业同龄人中，翁维应该属于出类拔萃的技艺人才了。

龚：戏衣行业起源于苏州，2006 年被公布为第一批国家级非遗代表性项目时，是以“剧装戏具制作技艺”来命名的。请您谈谈这个行业的起源、发展以及内涵。

李：戏衣行业起源于苏州，有 3 个先天条件。第一个条件是需求促成产生，因为昆曲发源于苏州。形成舞台剧的昆曲与说唱形式的曲艺在表演上是有很大不同的，它有了不同角色戏剧服装的需要，李荣森，1956年生，江苏苏州人。高级工艺美术师。1972年参加工作，1976年随父从事剧装戏具制作，为家族第三代传人，先后任研究室主任、科长、副厂长等职。他以剧装图案设计见长，同时对刺绣和色彩等很有造诣，先后指导与监制昆剧《牡丹亭》《长生殿》、电影《红楼梦》，以及多部古典电视剧的全套剧装戏具，合著出版《中国传统戏衣》一书并著有《传统戏曲头饰点翠技艺的传承与发展》一书。2007年被认定为第一批国家级非物质文化遗产项目（剧装戏具制作技艺）代表性传承人。

于是戏剧服装制作也就应运而生了。第二个条件是有刺绣基础，苏州刺绣闻名全国。明清以后，苏州有句俗语，叫“三个绣娘中两个做戏衣”。苏州刺绣业能有如此规模，和戏剧服装的发展是分不开的。第三个有利条件是面料基地在苏州。戏衣面料主要是各类丝绸织物，而苏州恰恰是丝绸主要生产地。在100多年前，苏州的戏剧服装供应了全国的戏班，供应链是最大的。我们现在所说的剧装戏具，其实可以细分成多个类别的。剧装又叫“戏衣”，过去俗称“行头”；戏具则包括摆设道具、手持道具，盔帽、鞋靴、刀枪、靶子等在内。苏州剧装戏具制作技艺为什么能列入首批国家级非物质文化遗产代表性项目名录？因为它蕴含了十分丰富的文化内涵。首先，门类齐全，品种丰富，有戏衣、盔帽、靴鞋、刀枪、口面、头饰六大类1000多个品种；其次，工艺精致，制作精良，每个品种的工艺都各有特点，在剧装戏具制作的刺绣、成合、缝制、色彩和规格等方面都有极高的成就；再次，在图案的选用和色彩的选择上既体现了传统表现手法和文化元素，又显示出苏州水乡淡雅秀丽的特色，是传统地域文化的典型代表；最后，苏州剧装戏具融汇了绘画、刺绣、色彩、历史、文学等各种元素，对研究中国传统艺术，尤其是戏曲表演艺术具有重要的参考价值。

清代缂丝龙纹袍

龚：请谈谈您对剧装戏具制作技艺的传承、发展、创新和主要业绩。

李：目前全国也仅有我们苏州剧装戏具厂还保留了剧装、盔帽、靴鞋、刀抢、口面和头饰六大门类的全部制作工艺。我作为国家级非物质文化遗产剧装戏具制作技艺项目代表性传承人，又是掌握全部剧装产品生产工艺和道具产品制作流程的公司总经理、技艺总监，深感自己肩上责任重大，传承是责无旁贷的。同时，我们还要发展、创新。我先后指导与监制了昆剧《牡丹亭》《长生殿》以及《红楼梦》等电影、电视剧的全套剧装戏具，还多次被各相关剧团聘为艺术顾问或剧装艺术监制。2000 年，我被国务院新闻办邀请随中国政府文化代表团出访美国，担任随团展出的中国历代服饰顾问。2006 年，设计的戏剧改良服饰“仿唐铠甲”荣获江苏省工艺美术精品博览会“艺博杯”金奖和中国苏州工艺美术精品展金奖。我目前在实践这样两种传承方式：一是稳定好企业，自身带徒，也创造环境和条件鼓励其他师傅包括我徒弟翁维带徒，这种在实践过程中带徒的形式，能帮助学徒很快地在生产过程中掌握制作技艺。二是与职业院校挂钩，指导和培养学生熟

清代皇帝朝服

悉、热爱，乃至投身于“剧装戏具制作技艺”这门传统手工技艺中。除原与中国戏曲学院舞美系共建长久实践基地外，我们还与上海戏剧学院、北京服装学院、常熟理工学院（服装学院）等学校合作；去年又与苏州技师学院共建了一个戏衣制作实训班，由我为主导，对学生进行戏衣制作的基础培训，并逐步培养他们对全道工艺的认识。目前已有两届共7名学生在对口接受专业培训，这批学生将来很有可能是剧装戏具制作技艺的新生力量。

龚：您一方面进行苏州剧装戏具制作技艺传承、创新实践，一方面还出版专著、发表学术论文。请介绍一下。

李：我在掌握剧装戏具制作技艺的基础上，注意收集整理资料，进行理论总结。2006 年 10 月，我参与完成的《中国传统戏衣》一书由人民美术出版社出版。这期间，还发表了《衬托戏剧文化的一片绿叶》《苏州传统剧装的创新和传承》等论文。自 2009 年受聘担任中国戏曲学院客座教授以来，我每年完成专业论文一至两篇，这 10 多年来已完成了近 20 篇专业论文。2018 年，我接受

清代皇后朝服

紫色平金大龙蟒袍

了中国艺术研究院下达的科研项目“论传统点翠技艺的改良创新”。一方面，通过实验试制以各种材料来替代被列为保护动物的翠鸟的羽毛；另一方面，记录和整理文字，实验结果终于在 2019 年达到要求，试制作品被市场接受。同时，也完成了《传统戏曲头饰点翠技艺的传承与发展》一书的著作与出版。

陈巧生 省级非遗（青铜失蜡铸造技艺）代表性传承人

心闲梦稳

——对话铜炉艺术大师陈巧生

文／吴建伟

吴：您出身于铜炉世家，请谈谈您是如何继承和发扬光大的。

陈：我祖上从清末起从事铜炉和铜器制作，至本人已是第三代。我自幼对中国传统文化很感兴趣，在家族浓厚的氛围中有机会接触到仿古铜器炉制作技艺，并对传统“宣德炉”的制作技艺情有独钟。自20世纪70年代起，我在家人的支持下，致力于挖掘、恢复自清代起逐渐失传、至民国时期已完全失传的明代“宣德炉”失蜡法铸造技艺。通过遍访各大博物馆、查阅古籍以及数千次试验，我不断完善和发展了铜炉开模、炼铜、铸造、皮壳制作等几十道关键工艺，并最终得以创造出翻砂法铸造技艺，还申请了“一种铜炉翻砂铸造用三层沙箱”的专利。经过数十年的不断钻研摸索，终于恢复、继承并发扬了传统“宣德炉”制作技艺。我制作的“巧生款”宣德炉被当代藏家们誉为“巧生炉”，其造型古朴、工艺精湛、色泽润和、宝光内敛、充满灵气，与明清“宣德炉”毫无陈巧生，字彦岐，号炉香居士。1957年生，苏州人。出身于铜炉世家，祖上自清朝起从事铜炉和铜器制作，他自幼跟随父亲陈如刚学艺，为铸铜艺术第三代传人。他年轻时就酷爱中国传统文化，承艺40余年来，刻苦钻研，终于复原明代『宣德炉』失蜡法制作技艺。20世纪90年代，他更是独辟蹊径，以『巧生炉』品牌，在全国铸铜艺术行业中独树一帜。代表作品有凤耳圆炉、龙兽耳奁炉、官帽耳狮生熏炉等。2012年被认定为第五批江苏省非物质文化遗产项目（青铜失蜡铸造技艺）代表性传承人。

二致，不可分辨。著名收藏家马未都先生在看到我的作品后，盛赞“古有宣德炉，今有巧生炉”。从艺40余载，我切身体会到中国古典铜炉文化的造型之美、技艺之美、艺术之美和文化之美，这是可以激发社会大众对传统文化特别是传统铜炉文化的兴趣与热爱的，从而促进铜炉文化的发展与传播。我制作的“巧生炉”就是要把传统美学和现代美学有机融合在一起，为这一优秀的手工技艺文化在21世纪的今天注入新的活力。

吴：请您谈谈“巧生炉”的特点。

陈：作为当世中国铜炉精品，“巧生炉”的特点可归纳为3点：一是原料珍贵，铸炉过程中除铜材外，还添加金、银、锡、镁等贵金属，令炉体格外细腻；二是炼次繁多，炉材经过十二炼后炉质纯细，如婴儿肌肤；三是炉呈宝光，遵循古法“宣德炉”所制工艺，无论材质、器形、皮壳、神韵都堪称经典之作，传递出中国传统文化的历史感和厚重感。如今，北京雍和宫、苏州寒山寺、杭州灵隐寺、普陀山普济寺等各大名寺主持方丈均以“巧生炉”供奉佛前。2010年，上海世博会期间，16鼎“巧生炉”作为中国杰出文化艺术品的代表在中国馆隆重展出，同时“巧生炉”还作为国礼被赠送给出席世博会开幕式的各国政商贵宾。

《麒麟献瑞》

吴：请您谈谈“巧生炉”的传承与保护情况。

陈：由于我在恢复传统铜炉制作技艺方面的突出成就与特殊贡献，我很快得到省、市、区三级人民政府的充分肯定，获得协助相继建立了陈巧生铜艺制作技能大师工作室、陈巧生炉文化艺术馆和苏州巧生炉博物馆。苏州巧生炉博物馆于 2013 年 5 月 18 日正式开馆，这是经国家批准注册的专题博物馆，也是中国首家展示非物质文化遗产——传统铜炉铸造技艺的铜炉文化主题博物馆，占地面积 2300 多平方米，主要展示传统铜炉铸造技艺、工具，以及近 40 年来我们家族收藏的明清铜炉和近 500 件“巧生炉”精品力作。馆内除文物展品和馆藏巧生炉作品外，还注重传统铜炉制作技艺和铜炉文化的展示，在传统博物馆室内布局形制的基础上，复原商周、汉唐、明清等典型时期的铜炉陈设和应用环境，通过情景化的展示和互动性的体验，令全国参观者、铜炉文化和香道文化爱好者及研究者可以身临其境感受古代宫廷、官府、寺观以及文人书房、内宅焚香用炉、典雅生活的雅致情境，切身体验中国古典铜炉文化之美。苏州巧生炉博物馆开馆以来，致力于搜集整理铜炉文化相关资料，积极发布铜炉技艺及铜炉文化相关研究成果，传承传统铜炉制作技艺，向社会宣传推广中国传统铜炉文化。作为相城区文化事业和文化产业开发重点项目，我们得到了相城区乃至苏州市各级领导的关心支持，多次接待本省和他省、市领导的参观调研，以及全国各地文化界、收藏界人士的参观访问，为传承非物质文化遗产传统技艺、彰显文化事业的魅力、促进民间文化交流做出了贡献。

吴：请介绍一下您拍摄的宣传片和撰写的论文。

陈：我们曾拍摄手工艺纪录片，以声像形式进行传播宣传。2014 年，苏州巧生炉博物馆先后与央视国际频道栏目组、CCTV4《流行无限》栏目组、旅游卫视等主流媒体合作，以实景拍摄、现场取景的方式记录下陈氏铸铜技艺的全过程。这不但扩大了对传统手工艺的传播宣传，而且为后世铸铜手工艺人留下了宝贵的影像资料。2016 年 5 月，CCTV10《探索发现》节目组来苏，拍摄了巧生炉专题纪录片，即《手艺》第六季之《姑苏铜艺》，我全程演示了巧生炉从画稿、雕模、失蜡法浇筑，到雕刻、打磨、制作皮色等全部工艺流程。节目播出后得到社会各界好评，反响强烈。同年 12 月，我被授予“江苏工艺美术名人”荣誉称号。2017 年优酷自媒体《了不起的匠人》第二季节目组来到苏州巧生炉博物馆，为我拍摄了专题纪录片《一甲子的小铜匠》，我再次演示了巧生炉制作的全部流程，该纪录片在网络上播出后，点击量超过 2700 万。2018 年 5 月 28 日，我受邀参加第二届全国匠人大会并被授予“突出贡献艺术家”荣誉称号。我在恢复创新传统铜炉制作技艺的同时，于各大报纸、学术杂志以及文化网站上发表铜炉技艺以及铜炉文化相关论文多篇，获得国家级、省级、市级金银铜奖数十项。近年来，我将毕生制炉经验以及多年所学交给爱子陈冠丞编辑整理，结集成书，出版有《物华天宝》《巧生炉文化赏析》《巧生说炉》《玄龙文萃》《玄龙炉道》等书籍。

《錾刻冲天耳弦线梅花炉》

蒋喜 省级非遗（苏州玉雕）代表性传承人

美石坊的精雕细作

——对话中国工艺美术大师蒋喜

文／怀念

怀：请问您的从艺起点、转折点是什么？

蒋：我出生于苏州，于 1981 年 9 月进入苏州玉石雕刻厂学习，1988 年 4 月离职，1988 年 5 月成立了自己的工作室——“美石坊”玉雕工作室。

怀：请介绍一下您的师承关系。

蒋：诸庆红→汤建鸣→任学仕→黄鹤忠→蒋喜→钱伟清、陈剑峰、芮帅、范永金、张帅、孙亚男。

怀：请谈谈您从事艺种的历史及其在苏州的发展。

蒋：中国玉文化传承有近万年历史，可以说世界上没有任何国家像中国这样广泛地用玉，并将其上升为一种文化，渗透到中国人社会生活的方方面面，从而对国人的思想意识、文化素养以及生活习惯均产生了广泛而深远的影响。苏州玉器工艺以其独领风骚的技艺在中国玉雕界居于极高的地位，恰恰是存在于自然与社会中的多方面因素共同相生的结果，一代代的玉雕艺人演绎着苏州玉雕文化的传承与流变，构建着蒋喜，1964年生，江苏苏州人。研究员级高级工艺美术师、中国工艺美术大师。1981年进入苏州玉石雕刻厂，1988年创办『美石坊』玉雕工作室。他对高古玉器，特别是殷商、春秋、战国、两汉时期玉器的造型风格和雕刻技法深有研究；他善于运用老刀法琢玉成器，不但形似，更为神似，深受广大玉器爱好者的青睐。尤其是他的刀法运用游刃有余，作品具有强烈的时代感和人文精神。首创出版美石者——苏邦玉雕传人蒋喜玉雕精品选集等，为苏州玉雕制作技艺提供了丰富而宝贵、翔实而具体的资料。2010年被评为江苏省非物质文化遗产（苏州玉雕）代表性传承人，2018年被授予『中国工艺美术大师』称号。

本土的玉雕风格。苏州玉器工艺发展的历程漫长而久远。到良渚文化时期已十分繁荣，苏州地区出土的属于这一时期的玉器有玉琮、玉璧、玉玦、玉镯、玉坠、玉蝉佩及玉锥形饰等多个品类。苏州草鞋山、张陵山的新石器时代遗址中出土的大量玉琮、玉璧，解决了琮、璧的年代问题，确立了琮、璧、钺类玉礼器是新石器时代礼器的观点。当时，先民们不仅会做玉器，还掌握了抛光技术，雕饰的兽面纹端庄精美。春秋时期，苏州玉器工艺发展又迎来一个高潮。据记载，吴越广陵王钱元璙曾令吴郡玉工颜规于便厅解玉。苏州城西严山出土的吴国宫廷玉器遗物共计402件，据考证，为春秋时期的琢玉风格。主要种类有璧、环、璜、琮、镯、管、珠等。这批玉器形式多样、造型规整、纹饰图案制作精美，让我们对那个时代吴地的琢玉技艺叹为观止，若非实物作证，着实让人难以想象。苏州出土的秦汉玉器纹饰更加精美，造型规整，图案瑰丽，有极高的历史文物价值。隋唐时代，玉雕工艺渐趋精细，在造型上有新的风格。宋元以后，苏州玉器业十分发达，成为全国玉器生产的重要产地。北宋崇宁年间，朝廷在苏州设立造作局，有玉匠在局内，专为朝廷制作玉器，供皇室享用。明代，苏州的玉雕艺人妙手辈出，技艺超群，受到文人赞赏。明人宋应星著的《天工开物》中说："良玉虽集京师，工巧则推吴郡。"明

《云天下》

代苏州的琢玉工坊已名震京师。明朝末年，苏州玉工通过自己的技术优势而获得高利的现象颇为时人关注，如高濂撰《燕闲清赏笺·卷上·论古玉器》云："近日吴中工巧，模拟汉宋螭玦钩环，用苍黄、杂色、边皮、葱玉或带淡墨色玉，如式琢成，伪乱古制，每得高值。"嘉靖、万历年间，苏州出了琢玉名师陆子冈，他技艺高超，雕刻精湛，闻名于世。其治玉不但可以"上下百年保无敌手"，而且在工匠地位低下的时代竟可与缙绅士大夫们平起平坐，且海内闻名，仿制者甚众，并可直接影响到宫廷。清顺治初成立养心殿造办处，康熙初年又成立武英殿造办处。康熙四十七年（1708）春，武英殿造办处各作归并养心殿造办处管理。雍正帝上台后又扩大了作坊，并在造办处设玉作坊，下令征调苏州玉匠到宫中任职。乾隆时期更在造办处各作如金玉作、匣裱作、油木作、刻字作等都配有与玉石雕刻、镶嵌等有关的玉工，还特意建立了专门承做皇帝御用活计的如意馆，先后几度下旨招苏州玉工进京供职，并选上好玉料送往北京。清乾隆年间，苏州琢玉工艺十分兴盛。当时阊门以内自专诸巷至学士街一带，玉器作坊鳞次栉比，朝朝暮暮，琢玉声震耳不绝，可见苏州地区治玉业的繁盛状貌。其时，苏州阊门专诸巷内的玉工与宫廷的玉工形成了两大制玉系统，苏州不但要向朝廷提供玉匠、玉料，还担负加工玉器的任务。而选送到造办处的苏州玉工在制作宫廷玉器的同时还为宫廷培训玉工，将所掌握的制玉技术逐渐传入宫廷。清代还出了一位研究古玉的专家，即同治七年（1868）进士、金石书法家吴大澂。其著有《古玉图考》一书，共录玉器近200件，均绘有附图，并按类记述器物尺寸、名称、用途、年代及考释，这是一本图文并茂、对研究中国古代玉器有较高参考价值的著作，对推进苏州玉雕发展起到重要作用。新中国成立后，党和政府十分重视玉器行业的恢复和发展，于1956年成立了苏州玉石雕刻生产合作社，后更名为苏州玉石雕刻厂，并尽其所能培养了一批琢玉新秀。苏州玉雕厂关闭以后，该厂的玉雕艺术继承人纷纷成立玉雕工作室，各抒所长，直面市场和时代审美的考验，不断创新，形成了自己的创作风格，以此成为当代苏州玉雕发展的主力军。

怀：请您谈谈对从事工艺的传承、发展、创新以及主要业绩与贡献。

蒋：我先后在工作室培养了6名学生，每年还尝试与高校或社会艺术团体、组织进行“龙凤玉对牌”玉雕赛事合作，进行线上线下玉文化艺术讲座。我还兼职苏州工艺美术职业技术学院装饰艺术系实训教授、中国地质大学（武汉）珠宝学院首饰传统工艺的保护与发展研究所顾问、北京经济管理职业学院现代学徒制玉雕专业特聘教授。在挖掘抢救方面，成功复制了诸多古代琢玉工具，并以此制玉成器，恢复了失传已久的“汉八刀”“游丝毛雕”等特殊琢玉刀法，以“同料、似形、一意”（两块玉牌取于同块玉料、

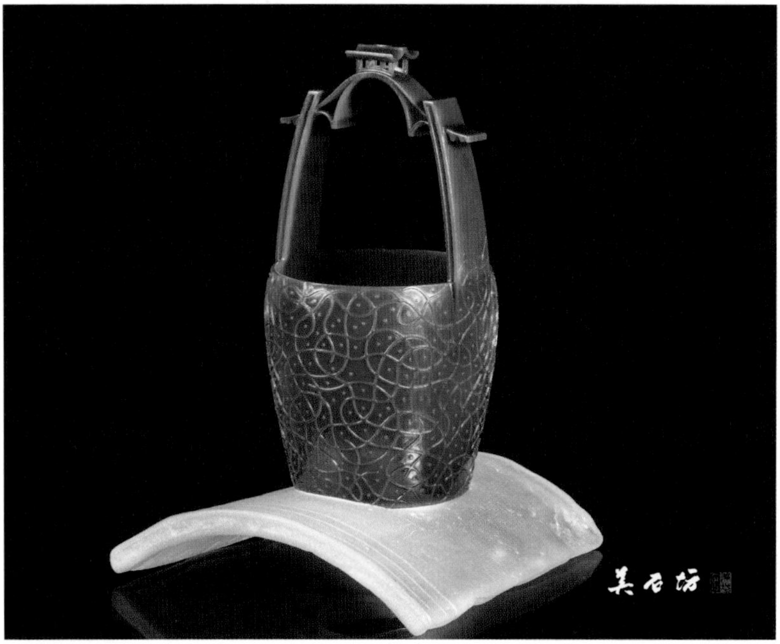

《梦回水乡》

采用相近配称的设计外形、传达统一的寓意）为出发点独创的玉雕形制“龙凤玉对牌”，实现了玉饰作品从“单片”到“对牌”、从“玉艺矿物佩饰”到“襟怀传达载体”的全新突破。

怀：请您谈谈获奖作品情况。

蒋：2004 年以来，我先后获得了各类金银奖项 24 个。2004 年，作品《青玉瑞狮》获天工奖银奖。2005 年，作品《如意吉祥薄胎对碗》获天工奖银奖。2006 年，作品《福寿吉祥如意薄胎炉》获天工奖银奖，作品《天禄瑞兽》获天工奖银奖。2008 年，作品《望天吼》获百花奖金奖，作品《辟邪·四方灵瑞》获“艺博杯”

金奖，作品《对联璧合龙凤对牌》获“艺博杯”银奖等。2010年，作品《辟邪·四方灵瑞》获“艺博杯”金奖，作品《琮璧圭璜四瑞牌》获天工奖银奖。2011年，作品《四灵六和》获天工奖金奖，作品《美石三宝》获“艺博杯”金奖，作品《薄胎茶具》获天工奖银奖。2012年，作品《气》获天工奖金奖，作品《未央龙凤对牌》获百花奖金奖。2013年，作品《润》获“百花玉缘杯”金奖，作品《云献降龙·必定辟邪》获“子冈杯”金奖，作品《见山》获“艺博杯”金奖。2014年，作品《决断》获“艺博杯”金奖。2015年，作品《梦回水乡》获“百花玉缘杯”金奖，作品《云天下》获百花奖金奖。2016年，作品《缘弧饰玉》获“百花玉缘杯”金奖，作品《众瑞呈祥·博赡同府》获“子冈杯”金奖。2017年，作品《春色满园》获“艺博杯”金奖。2020年，作品《云天下》获天工奖银奖。

怀：请列举您所获得的职称、荣誉称号。

蒋：2006年11月，我被中国珠宝玉石首饰行业协会评为中国玉石雕刻大师。2010年9月，被江苏省文化厅评为江苏省非物质文化遗产（苏州玉雕）代表性传承人。2011年11月，被江苏省人民政府授予第五届“江苏省工艺美术大师”称号。2013年11月，被江苏省人事厅评审为研究员级高级工艺美术师。2016年12月，被中国工艺美术协会评为中国工美行业艺术大师。2018年5月，被中国轻工业联合会正式评为第七届“中国工艺美术大师”。2018年，被中共苏州市委宣传部评为姑苏宣传文化领军人才等。

怀：请您谈谈您的出版作品、课题研究和论文基本观点。

蒋：2009年，我的著作《美石者——苏邦玉雕传人蒋喜玉雕精品选集》由中国美术学院出版社出版。2011年，著作《太湖沉宝》由文物出版社出版。撰写的论文有：2006年，《精雕需细琢，藏玉藏精神》；2008年，《浅谈苏州古今玉器》；2017年，《从心而欲师古不泥古》；2018年，《一封写给苏帮玉雕的情书》；

2020年，《我作品中的苏帮玉雕》等，均在《中国宝石》杂志上发表。较于明清以及现代的雕刻风格，一直以来，我则更倾向于表现古韵玉文化的流光华彩。因为，比之后来世俗化、体现现代之美的玉雕，战国、汉代时期与其之前的玉雕出于其独特的历史背景，更能体现玉文化沟通天地的“精神道具”作用，以及深厚的哲学人文精神，而这恰恰是我想通过自己的玉雕创新创作来努力探索和追寻的。一来，古韵玉雕曾受其所处时代玉文化的社会地位、价值功用等因素的影响，有着与后代治玉不同的、鲜明的雕刻风格，其刚柔相济、昂扬大气的美学格局对当代玉雕创作依然有着充分的借鉴意义。对于当代创作者来说，在古代玉器治玉工艺的基础上再创新，所呈现的不只是简单的元素堆砌，不是一比一工艺的模仿，更不是对古人设计的照本宣科，而是一种经过扬弃的发展，是追求富有时代精神的发展。当中，尤其需看重的是古韵玉雕所呈现的阳刚之美、礼乐之美和“乐至则无怨，礼至则不争”的人文思想所带来的创作主题的启发。

杨曦 国家级非遗（苏州玉雕）代表性传承人

匠心独运　富丽工巧

——对话国家级非遗玉雕代表性传承人杨曦

文／怀念

怀：请谈谈您的从艺起点及转折点。

杨：1980 年初中毕业后，我考进苏州工艺美术学校玉雕班，其实我想进红木雕刻班，从事玉雕这一行是出于偶然。1983 年毕业后，被分配进苏州玉石雕刻厂工作。1992 年离开玉雕厂，成立个人工作室。

怀：请问您师承何人？

杨：我的师傅是吕曼。

怀：请您谈谈从事艺种的历史及其在苏州的发展。

杨：苏州玉雕历史悠久，早在唐及五代时期就有专门的工场，产生了一批能工巧匠。明代苏匠即以精良细巧的工艺著称于世，玉雕名师陆子冈被载入史册。明代宋应星《天工开物》盛赞苏工："良玉虽集京师，工巧则推吴郡。"清代，苏州有琢玉工场 200 多家，艺匠近千人。苏州玉雕以小件为主，善用镂雕，玲珑剔透，飘逸俊俏。

杨曦，1964年生，苏州人。研究员级高级工艺美术师、中国玉石雕刻大师，江苏省工艺美术大师、苏州市玉石雕刻行业协会副会长。1983毕业于苏州工艺美术技术学校后，进入苏州玉石雕刻厂，师从吕曼，学习玉雕技艺。1992年创办『南石』玉雕工作室，擅长雕刻人物、动物、花鸟等，技艺造诣浑厚，形式内容新颖，尤善于运用玉雕特殊语言处理虚实关系，块面与线条洗练洒脱，赋予传统玉雕以强烈的时代感，具有鲜明的个性艺术特色。2012年，被认定为第四批国家级非物质文化遗产项目（苏州玉雕）代表性传承人。

怀：请您谈谈对从事工艺的传承、发展、创新、主要业绩与贡献。

杨：在长期实践中，我把苏州古典园林借景手法巧妙运用到玉雕作品创作中，锐意创新，大胆改进传统木座功能，以几何形状作衬托，拓展了玉雕文化艺术内涵，达到玉雕匠心独运、古雅别致、风韵婉约、虚实结合的艺术效果。

怀：请问您有哪些获奖作品或代表作？

杨：我的作品《秋雨江南》《莲相》被大英博物馆永久收藏，作品《花样年华》被中国美术馆收藏，作品《速写江南》系列被苏州工艺美术博物馆收藏。2008年，作品《千纸鹤》获江苏“艺博杯”工艺美术精品奖金奖，《江南水乡》获第九届中国工艺美术大师作品暨国际艺术精品博览会2008“天工艺苑·百花杯”金奖，《彩绘人生》《国粹》获天工奖优秀奖，《马》《静思》《女人与鸽子》《持莲观音》《花神》获神工奖特别金奖、金奖、银奖、创意奖。2009年，《凤凰涅槃》获“子冈杯”特别荣誉奖。2011年，《南山》获中国玉石雕刻作品天工奖金奖，《大音希声》获“子冈杯”特别金奖。2012年，《自在观音》获“子冈杯”玉石精品博览会金奖。2013年，《荷花观音》获“百花玉缘杯”中国玉石雕精品奖金奖，《花样年华》获“子冈杯”玉石雕精品

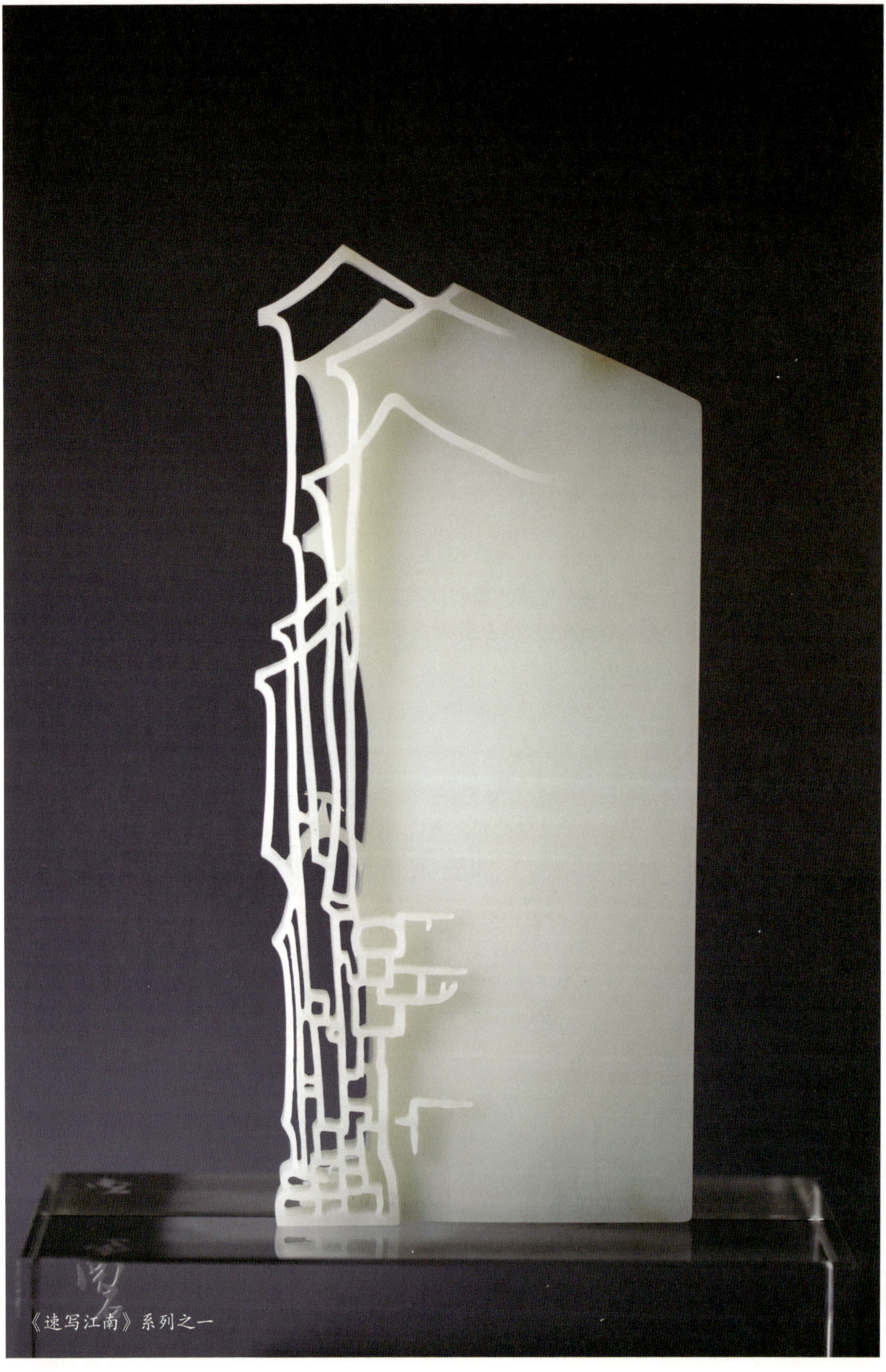

《速写江南》系列之一

博览会金奖。2014年,《秋语江南》系列之一获“子冈杯”玉石雕精品金奖,《莲在云处》获中国第二届“云峰杯”玉雕作品大赛金奖。2015年,《流动的乐章》系列之一《莲相》获“子冈杯”玉石精品博览会金奖。2016年,《家》获第十一届“百花玉缘杯”中国玉石雕精品博览会银奖,《速写江南》系列获第九届中国（苏州）“子冈杯”玉石精品博览会金奖。2017年,《丁香结》获原创亲工匠心传承当代玉雕艺术家作品展金杯,《荷花观音》获2017中国（扬州）文化产业博览会“玉缘漆花·艺博杯”金奖,《罗汉》系列获“子冈杯”玉石精品博览会金奖。2019年《印象园林》获“子冈杯”玉石精品博览会金奖等。

怀：请说说您所获得的职称、荣誉称号。

杨：我是国家级非物质文化（苏州玉雕）代表性传承人、享受国务院津贴专家、正高级工艺美术师、江苏省有突出贡献的中青年专家、江苏省紫金文化创意英才、苏州市姑苏宣传领军人才。我的工作室被评为江苏省大师示范工作室。

怀：请问您撰写的论文有哪些?

杨：我的论文《玉雕作品应有时代特点》发表于《中国宝石》杂志2003年第1期,《浅谈玉雕的风格》发表于《姑苏工艺美术》杂志2008年总43期,《设计玉雕》发表于《姑苏工艺美术》杂志2008年总46期,《玉雕的创意与品牌》发表于《苏州玉器》杂志2017年第1期总7期,《玉雕创新设计之我见》发表于《神州》杂志2020年10月期。

施冬妹

苏州市民间文艺家协会会员

经典画卷　木雕再现

——对话民间文艺最高奖『山花奖』得主施冬妹

文／吴建伟

吴：一抹乡情，一份坚守，成就了您的红木雕刻作品《姑苏繁华图》，请您谈谈您的创作生涯。

施：好的。这要从我小时候说起了。我出生在吴中木渎灵岩山脚下的山前村，在灵岩山的怀抱里长大。有一段时间，我经常陪母亲在山寺做义工，有幸跟随高僧们赏文徵明书法、看沈周画笔，听他们交谈吴门之秘，看他们笔墨临写法书，我逐步领会了在自然大美之外，还自有一种人文妙意。而且我的爷爷和父亲，都是太湖边香山帮的工匠。他们起早贪黑，练就一番盖屋建房的好身手。香山匠人的雕工，以线条内敛有力、形象生动传神、风格柔顺秀逸、图案寓意吉祥、情趣雅俗兼备、刀法洒脱而著称于世。经过耳濡目染，我对于香山手艺营建的古雅风貌也早已潜至心灵。有缘于此，让我有了一定的知识储备、艺术涵养，更增添了一份人文情怀。20 世纪 90 年代末，我们家搬迁时偶然收到一幅缩小版的《姑苏繁华图》，给我留下了深刻印象。若初见是偶然，那再次邂逅大概便

《姑苏繁华图》局部

是缘分使然。我至今还清楚地记得，那是 2005 年一个秋天的午后，我的朋友送给我一幅《姑苏繁华图》画卷，我立刻在办公室外的长廊打开，细看这幅画卷起笔的地方，正是木渎灵岩山脚下的山前村，画上的山前村里共有 40 余人，我想我的祖辈说不定就在其中。这可是我出生的地方啊！这是一种很深很深的情缘，所以，当时我脑子里闪现出的唯一想法，就是要把它用红木雕刻出来。而那时的我，也已商海浮沉，历经磨炼，有了自己的“山前文化发展有限公司”，可以为我一展身手提供一定的支撑。

吴：也就是说，凭借刚毅坚守、勤奋聪慧和诚实守信，在您再次看到清代徐扬的《姑苏繁华图》时，您已经颇有成就和实力。请给我们详细说说。

施冬妹，1968年出生，苏州人。苏州市民间文艺家协会会员。长期从事苏作雕刻艺术的组织策划、制作研发，坚守苏州雕刻工艺传承和发展。自2005年起策划制作的大型红木雕刻作品姑苏繁华图历时10年，终于圆满完成，被众多专家学者赞誉为『经典珍品』，该作品相继斩获苏州市民间文艺『金桂奖』、江苏省民间文艺『迎春花』奖，2017年荣获第十三届中国民间文艺最高奖『山花奖』。

施：这要辩证地来看，我认为，支撑我策划红木雕刻作品《姑苏繁华图》的，除了我的家乡情结，还离不开3个“力”，即财力、理解力和团队实力。第一点，先来讲讲财力，那要从我独立办厂讲起。我是家里的第四个女儿，初中毕业之后，我就进入村里的泡沫厂工作，一干就是10年，在厂里搞过机械，造过房子。大约是在1996年，我的一个亲戚在办漆包线厂，刚好缺人手，他们看好我的能力和人品，可谓“三顾茅庐”之后，我才依依不舍地告别泡沫厂，投入到这个全新的行业。那时候乡镇企业处于发展瓶颈期，对市场全面分析后，我看好漆包线产业的前景，于是将赚来的钱不断地投入买机器，扩大规模。时间一长，有的股东倍觉压力，感到有风险，提出要和我分开经营，不愿做长线投资。这让我非常迷惑，我每天起早贪黑，甚至无暇照顾自己的孩子，帮助企业扩大规模，却得不到赞赏，这是要逼着我自己独立运营啊！暗暗较劲、思考对策，一个星期后，在一众员工们鼓励的眼神下，我独立接办了企业。或许是生长在山前村的那种不屈的精神激励着我，后来，我花了两三年时间，从1台机器发展到7台机器。同时，还升级了产品，开发出手表机芯漆包线，很快就把贷款还清了。也是从那时候起，我的心智开始成熟了，我意识到任何一件事情，都要靠毅力去坚持，才能收获圆满结果。之后，我又集中

木雕作品《姑苏繁华图》局部

技术力量，开发了小家电中的马达漆包线这一新产品，继续扩大生产规模。一直到现在我们还在有序生产经营着。第二点，是我有自己的理解力。我从不喜欢那些世俗的名牌，我热爱大自然，喜欢原生态的元素。因为身在文化之乡，我从 2002 年开始就深度接触红木家具。巧的是，我的客户中有好多老苏州人，他们也特别钟情红木。所以只要他们去看红木家具，我都会请他们带上我一同去，后来我为了缓解经营企业过程中的压力，也喜欢一个人去逛逛红木厂，闻闻木头的香味，抚摸木头光滑的材质，这让我不但放松了身心，而且对这些纹理朴素美丽的家具越看越喜欢，越看越感动。其质朴的外表，能让人体会到优美材质带来的自然之感；简练的造型，能让人感受到文人匠心的妙意横生；高超技艺下的凹凸线条，犹如一曲流动的古乐，悠扬起伏；良材精工配以精美绝伦的木雕，更展现着东方古老国度的文化语言。后来看多了，我又发现了问题，有些红木家具制造商的理念和我的想象有着太多出入，那些家具的拼接太多，白皮若隐若现。这就像一件上好的青铜器上有了裂纹，让我心里不是个滋味。那时候，我正好在太湖西山购入了一栋百年老宅，原本准备采购安放一批红木家具。于是我大胆决定按照自己的理念采购原料，自己制作红木家具。说干就干，我开始着手组织人员去福建、深圳等地看红木原材料，在本地光福和浙江东阳去寻找木作高手。记得第一次去买家具，我带了一个光福苏作的老师傅，我们找了 20 多家红木原材料供应商，一家一家地聊，把这个老师傅累得脚酸腰疼，最后买到了上等的大红酸枝。老师傅回来逢人便说我有魄力、有眼光。第三点，就是磨砺团队实力。有了好的原材料，我就尝试请工匠们从打造沙发和明式写字台等红木家具开始做起。开工之前，我把自己的想法直接告诉这些工匠师傅，或者找到一些图纸让他们照着做，如果成品出来不符合自己的想象，就重做。这个办法考验的是我的审美和设计能力，同时，因为我十分清楚之前买的红木家具的缺点，所以在选料上要求特别高，不允许有任何的白皮和拼接。这样做特别费木料，时间也特别慢。但我不心疼这些，我要求的是精美、古典、实打实。我为工匠团队奠定了这么一个理念——好东西是靠时光来磨的。我现在办公室里的沙发和明式的写字台，就是当初我自己选定的雕花图案，经过工匠们 3 个多月的打磨而成的，成品出来了以后，工匠们都佩服我的眼光。一个好团队，也就是从那个时候开始炼成的，我和工匠团队在做红木家具过程中不断地改，不断地磨合，存优汰劣，一直合作到了现在。

吴：十年磨一剑。您自 2005 年起策划制作的大型红木雕刻作品《姑苏繁华图》历时 10 年才圆满完成，请您详细介绍一下。

施：这 10 年中，我从太湖边百看不厌的东山雕刻大楼得到启发，采用最能表现装饰美的苏作木雕和浙江东阳木雕相结合的方法来表现。因为苏作木雕是最具文人气息的传统工艺，而东阳木雕也已有1000多年的悠久历史，精美绝伦。两种雕刻技法在北京故宫、苏州园林、杭州灵隐寺等许多古建筑中都能看到，两者的结合正是表现《姑苏繁华图》的最佳手法。在这10年中，我们的工匠不仅具有匠心，还学会了看画。因为清代徐扬的这幅画，从近到远有二三十个层次。不单要求工匠有顶尖的技术，还要大体了解绘画人的思想，从而掌握这个画作的层次线条，否则整个雕刻中许多精彩之处就表现不出来，浮雕的整体感觉也出不来。所以每个工匠必须先看懂画作。于是，我就带领工匠一起学习如何看画，如何看线条。我还专门带着师傅们去故宫学习，去西山的雕花楼、东山的紫金庵去观摩如何把雕花做得更好。设计上，借鉴传统的散点透视、鸟瞰式透视等构图，学会了讲究布局，散而不松，多而不乱，层次分明，主题突出；技法上，我和工匠们一起探讨，将木雕中独特的浮雕、圆雕、透空双面雕等雕刻技法展现出来，不但尽得图画之神韵，而且尽展木雕之绝技。这10年中，我先后聘请江、浙两地近200位能工巧匠，用了45吨红酸枝、25吨紫檀，耗数万工时，用1 ∶ 3的比例，精雕细琢，终于制成了长44.47米、高2.13米的红木雕刻作品《姑苏繁华图》。徐扬的画作源于生活和感受，而这幅木雕作品，既尊重原作，又富有创意。我和我的团队人员运用了浅雕、深雕、镂空雕、立体雕等技法，用19幅木雕作品将徐扬笔下的精彩之处一一再现出来，栩栩如生，趣味无穷。在这个木雕长卷中，清代的姑苏人物接踵摩肩，熙来攘往，约有12000众；河上的官船、客船、货船、运粮船、木排、竹筏，船帆如云，约400艘；街道店肆林立，市招高扬，可以辨认出260余家；各色桥梁500余座，文化戏曲场景10余处。在纷繁林立的商号中，丝绸、棉布、染料、粮食、南货、洋货、烟草、酒业、医药、窑器、瓷器、竹器、皮草、蜡烛、灯笼、凉席、漆器、铜铁锡器、金银首饰、珠宝玉器、衣服鞋帽手巾、书画、乐器、扇子、油盐糖杂货、柴炭、花果、酒店、饭馆、小吃茶室、澡堂、客栈、船行、钱庄典当，应有尽有。如今，我每次置身这幅红木雕刻作品《姑苏繁华图》之侧，都会沉浸其中，感叹这就是一幅活灵活现的现实美景：放眼看去，山峦起伏，屋舍纵横，街巷中人流如织，河道上船只交错，显得热闹非凡；凝视细观，只见一草一木、一桌一椅皆形神毕现；人的形态各异，或疾行，或缓步，或畅谈，或静默，或劳作，莫不栩栩如生，仿佛一转头，就会掉进那苏州最江南的日子里去……好一幅盛世繁华、幸福和谐的美好生活画卷！这件巨幅红木雕刻作品于2016年面世，众多专家学者赞誉它是“这个时代的一个经典”“一件精致的珍品级红木雕刻作品”“材料和工艺完美结合的典范”。该作品相继斩获苏州市民间文艺“金桂奖”、江苏省民间文艺“迎春花”奖，2017年荣获第十三届中国民间文艺最高奖“山花奖”。

殷毅军 高级工艺美术师

江苏省工艺美术大师

前人『播种』后人『传承』

——对话殷氏核雕第三代传承人殷毅军

文／龚平

龚：殷老师好！您是核雕世家出身。您的曾祖父殷根福是光福核雕创始人，可以毫不夸张地说，没有当年他老人家的“播种”，就没有今天的舟山“核雕村”。请您谈谈自己的传承谱系和核雕之路。

殷：我 16 岁初中毕业后就开始向祖父殷荣生学习核雕。当时，我还读了中专，毕业后工作了几年，是边读书，边工作，边学习核雕的。而后，我又跟姑祖母殷雪芸学习核雕，掌握技法，深造技艺，专门从事核雕工作。这期间，我还跟金石名家张寒月先生学习篆刻。作为殷氏核雕第三代传承人，我从简单入门到静心钻研，再到爱上核雕，走过了漫漫 30 多年。我带了儿子殷晨逸和陆晴、周熠峰等 10 多名徒弟，他们是第四代传承人了。我已经申请注册了“永兴斋”商标，致力于殷氏核雕的传承和发展。

龚：请谈一谈您对传统核雕技艺的传承与创新，尤其是您的技艺特色。

《荷塘清趣》

殷：出身于核雕世家的我，幼承家教，喜欢核雕。我继承并发扬了殷氏核雕艺术，潜心钻研殷氏传统刻法，熟练掌握并运用祖传圆雕、浮雕、阴刻、阳刻等刀法，所作《殷氏十八罗汉头像》脸部表情生动、双目传神，在传统罗汉雕刻中炉火纯青，独具一格。在这基础上，我结合早年金石名家张寒月先生所授篆刻技艺，独辟蹊径，开创融图画、书法、印章于一体的多种核雕新技艺、表达形式，如所创作的《龙生九子》和《脸谱》等作品，更加细腻、灵秀，艺术境界与众不同，形成了一种新的核雕品种。我还擅长精细之作，如核雕作品中的耳环、链条等，非一般核雕者所能掌握。作为殷氏核雕的传承人，我一方面恪守祖传技艺，继承传统，一方面拓展思路，创作新的品种，使核雕艺术与时俱进，不断攀向新的高峰。

殷毅军，1969年生，苏州人。高级工艺美术师、江苏省工艺美术大师，为殷氏核雕第三代传人。代表作品有殷氏十八罗汉头像、龙生九子、蝶恋花香囊挂坠、一团和气等，多次参展并获奖，还经常参加国内非遗展示展览和对外文化艺术交流活动。

龚：请谈谈您的获奖作品或代表作。

殷：我的获奖作品很多，2005 年，核雕《苏州园林》荣获第七届中国工艺美术大师精品博览会银奖，核雕《核舟》《走兽八仙》双双荣获优秀奖。2006 年，核雕《薰炉》荣获杭州世界休闲博览会暨“百花杯”中国工艺美术精品铜奖；核雕《释迦牟尼佛和十八罗汉》荣获第八届中国工艺美术大师精品博览会金奖。2008 年，核雕《吉祥福禄寿》荣获“艺博杯”江苏省工艺美术精品奖银奖。2009 年，核雕《莲座西方三圣》荣获“艺博杯”江苏省工艺美术精品奖金奖。2011 年，核雕《蝶恋花香囊挂坠》荣获江苏省工艺美术精品博览会金奖。2013 年，核雕《花卉花瓶》荣获第三届东方工艺美术之都博览会“迎春花”奖。2015 年，核雕《荷花香插》获第七届中国（浙江）非物质文化遗产博览会银奖。并且我的作品也被多家博物馆和机构所收藏，2007 年，核雕《殷氏十八罗汉头像》被苏州工艺美术博物馆收藏。2014 年，核雕《一团和气》被北京文化发展基金会收藏。2015 年，核雕《梅兰竹菊香囊》、作品《四灵纹香囊》分别被苏州市非物质文化遗产馆、苏州核雕艺术馆收藏并长期展出。2019 年，核雕《佛手瓜》被吉林省工艺美术馆收藏。我的核雕《古代兵法三十六计》，也被上海著名核雕收藏家茅黎强先生收藏。

《新生》

龚：我知道，您在核雕技艺传承与核雕文化传播方面做了不少工作。

殷：我参加非遗展示展览和对外文化交流活动是比较多的。2008 年，我参加北京奥运文化广场活动。2009 年，参加澳门“江苏民间工艺展演月”活动。2010 年，参加上海世博会“江苏活动周”展演活动。2012 年，出访拉脱维亚参加“纪念苏州——里加缔结友好城市十五周年系列活动”。2015 年，参加马耳他国国际艺术交流活动。2016 年，参加新加坡书展的工艺展演，同年还赴捷克、奥地利进行艺术交流。2017 年，参加“沙特阿拉伯——苏州非遗展”。对于核雕技艺传承，我从不保守。那次应邀参加澳门“江苏民间工艺展演月”活动，就在百年古宅卢家大屋设立工作坊，定期向澳门市民传授核雕技艺。我已在苏州工业园区服务外包学院进行了4年核雕课程教学，并被聘为江苏省产业教授（高职院校类）。现在我还成立了公益性核雕传习所，由大、中学校推荐有潜质、有兴趣的学生前来参观、学习，特别是希望通过这种方式，让更多有美术文化功底的青年人来继承传统的核雕技艺。

龚：您也一定得到了不少荣誉吧！

殷：我是高级工艺美术师。2007年，被授予“苏州民间工艺家”称号。2010年，被认定为苏州市非物质文化遗产项目（光福核雕）代表性传承人。2016年，被授予“江苏省工艺美术大师”称号。

龚：30多年的核雕技艺实践，您有什么理论感悟？

殷：我写了一些论文，对核雕进行理论上的总结。论文《苏州核雕及其制作》发表于《上海工艺美术》杂志第106期，论文《核雕与我》《核雕的艺术形式》先后在《姑苏工艺美术》杂志第40、46期发表，论文《漫谈核雕》发表于《百花园》杂志总126期。我的业绩被编入《苏州民间手工艺术》和《中国传统核雕》。我的作品多次被《苏州日报》《姑苏晚报》《上海商报》报道刊登。我认为，在传承核雕技艺上，要进行多方位、多角度的探索和实践，从真正意义上推广以核雕为载体的传统文化。

朱寿珍

研究员级高级工艺美术师

『国绣文化』的倡导者

——对话江苏省工艺美术大师朱寿珍

文／崔冰

崔：您出身于刺绣世家，幼承祖业，请简单谈谈您的家族史，以及您最难忘的学习经历是什么？

朱：我一直听爷爷奶奶讲，朱家是宫廷刺绣世家，是大户人家，祖祖辈辈都为皇宫做绣品。大概在明末清初的时候，我的祖先隐居到了镇湖，买了几十亩地，建了几十间房子，还买了山头，就是现在的秀峰山，虽然现在已经没了，但是一个家业的传承、血脉的延续肯定是极其重要的。当时镇上有十几个非常有名的绣娘，但只有刺绣技艺拔尖的才能嫁进朱家。我从小就在这样的环境长大，耳濡目染。记得我还没上小学的时候，我妈妈、姐姐，还有和我妈妈年纪差不多大的，大概 20 多个人，一直在我家里绣日本和服、腰带、浴衣等。在我记忆中印象最深的几件事：大概在 12 岁，我在学绣龙凤被面，绣到龙头的时候无论怎么绣都不像。有一天午睡时突然就梦见了一条小青龙，从家后面的小河里游上来，游到了我们家的庭院里，盘在了柱子上面。梦醒以后，我花了

3天多时间就把龙绣完了，虽说这只是一场梦，但只有真正热爱才会梦到，你说是吗？在我18岁的时候，和我姐姐一起在吴县刺绣研究所学习，那时我姐姐已经有名了，在研究所学习时，她创造了“双面三异绣”—— 一面是侍女，另一面是嫦娥奔月。而当时这项技术是刺绣研究所的机密，我也见证了这一项发明的诞生，因此这段记忆非常深刻。在20—30岁期间，我获得了很多奖项，但是我觉得要提高自己的艺术造诣，必须走进美院，所以在2000年的时候我去了中国美术学院学习。在学习过程中我不断地去理解中国水墨画和西方油画的差异性，去了解色彩组合的艺术空间，解读画家们的笔触韵味，体验画家们的心境，思考如何以一根丝线、以刺绣技法去更好地展现各种笔触韵味，超越地体现各类艺术作品。

崔：您创新研发出多种刺绣艺术针法，如飘逸针、点洒针、韵艺针等，请谈谈创作研发这些针法的灵感及它们各适应什么主题的刺绣艺术作品。

朱：我第一次创新针法，应该是18岁的时候，当时我在吴县刺绣研究所绣制一幅摄影作品《猫和花》，摸索打破了一些传统绣法。不过当时太小，也不知道什么是创新，完成后我得到了人生中第一个奖——百花奖。在20岁时候又通过自己的摸索，不断解读、创新前辈大家们的针法，顺利完成首个肖像刺绣——《中国足球队教练肖像》。后来，我更加自信，在实践中不断地探索、学习、总结创新针法，到现在应用比较成熟的有8种针法：飘逸针、点洒针、韵艺针、枯笔针、三维立体针、旋律针、精细针、纹理针。例如飘逸针，就适合绣制云、雾、烟等比较朦胧的画面；精细针需要把一根丝线劈成128股，以肉眼几乎不可见的丝线在人物肖像中绣制极为细致的地方；三维立体针就是以固定的六针形成一个空间；点洒针就是以1mm—2mm的极短针脚相织交错……

崔：您的作品多次被国内外各艺术机构收藏，可以介绍一下吗？

朱寿珍，1969年生，苏州人。研究员级高级工艺美术师、江苏省工艺美术大师、江苏省乡土人才『三带』名人、『国绣文化』的倡导者。她出身于刺绣世家，12岁跟随母亲学艺，18岁进入吴县刺绣研究所学习，1996年创办朱寿珍刺绣艺术工作室至今，一直重视刺绣艺术。代表作品有母与子、美洲雄狮、印象丝路和平之歌系列、人间天堂和肖像绣毛主席在庐山、普京像、哈萨克斯坦总统等。其作品多次在国内外展出并获奖。授权发明专利99件、专利版权17件。

朱：例如《陈丽华肖像》被中国紫檀博物馆永久收藏。2015 年，我捐赠的刺绣作品《净土》被江苏工美艺术精品馆收藏；《女人花》被美国加州比佛利山市旅游局收藏。我一共绣了 8 位历史上著名的各国领导人肖像作为国宾礼，其中包括英国女皇伊丽莎白、俄罗斯总统普京等；但最值得自豪和骄傲的是我在纪念毛泽东诞生 110 周年之际，受邀绣制《毛主席在庐山》肖像绣任务。当时时间紧、任务重，在绣制过程中如何把毛主席的神情、姿态、气势，以刺绣栩栩如生地描绘出来，是最大的难点。我带领 4 位刺绣技师人员，每天坚持 12 小时不间断绣制，运用了多种传统针法精心绣制，使人物的神情逼真而传神。在绣制过程中，得到了毛主席专职摄影师吕厚明老师多次指导和帮助。还记得 2003 年 4 月，邵华将军带着毛新宇来到工作室。看到正在绣制中的毛主席绣像，毛新宇脸上露出了微笑，脱口而出："爷爷。"这幅肖像绣珍品经大家共同的努力，耗时 10 多个月，终于圆满地完成。现已捐赠韶山毛泽东故居纪念馆永久收藏。

崔：您从事刺绣工作 30 多年过程中，曾多次获得国外荣誉奖项及收到出访邀请，可否为我们介绍几例出访故事？

朱：记得在 2006 年，我第一次走出国门，参加第 26 届世界艺术节，

原创《印象丝路和平之歌》系列一

当时参展的共有 50 多个国家，展览共 4 天时间。无论是男女老少，他们盯着我的刺绣作品，都完全被感动，让我深刻地感受到我们中国刺绣的艺术魅力，无论在哪个国家都是深受喜爱的，从此我的使命感逐渐清晰。2013 年，我被联合国特邀出访美国，参加第 57 届世界妇女联合大会，首次在联合国总部展览厅内向世人展现自己的刺绣作品，并在 200 多名世界各国代表前举办关于中国刺绣文化艺术的讲座。其中我通过作品《母与子》向世人展示，女性是人类生命的起源，提醒世人要珍惜和爱护女性。让我惊喜的是，《母与子》成为首幅被联合国总部收藏的中国刺绣作品，我也被联合国授予“世界亲善大使”的荣誉称号。

联合国总部永久收藏的
作品《母与子》

崔：请您谈谈近年来的参赛情况和公益活动，还有获得的荣誉称号。

朱：2018 年，我的作品《印象丝路和平之歌·茉莉香心》荣获第三届苏州民间文艺“金桂奖”（民间工艺类）银奖。2017 年，《印象丝路和平之歌》系列获中国（苏州）“苏艺杯”国际工艺美术精品博览会作品展金奖。2015 年，《人间天堂》系列荣获中国工艺美术精品博览会“国艺杯”金奖。2014 年，原创作品丝画绣《生命》系列荣获中国工艺美术精品博览会“国艺杯”金奖。2013 年，原创刺绣作品《母与子》成为首幅被联合国收藏的中国刺绣。2012 年，《泉》获中国工艺美术精品博览会“国艺杯”金奖等。

我长期开展免费公益课程和活动，引领孩子们传承发扬苏绣艺术。我于 2015 年始，数次在苏州科技城实验小学、苏州金鸡湖学校等开设“国绣珍艺班”公益小学班课堂，希望把中华非遗绣艺文化印刻到孩子们的心中，同时引导孩子们从小树立精雕细琢、精益求精的“工匠精神”，把这颗传统文化的美丽种子播种到孩子们幼小的心灵中。2019 年，两次在银川授课“宁夏残疾人千名手工艺师（刺绣）高级培训班”的特殊经历让我一直在思考，中国有着庞大的特殊群体，通过培训，他们或许能成为刺绣行业的师资力量，承担特殊人士的技能培训与教学任务，带动更多特殊人士的事业发展。用一针一线绣出美丽的梦想，绣出广阔的世界，带动更多各类特殊群体脱贫致富，不仅实现经济效益，更是对中华优良的传统文化有力的支持、发展与传承。

在获得荣誉方面：2017 年，我的刺绣艺术工作室被授予“手工艺术示范工作室”称号；2017 年，我被评为江苏省乡土人才“三带”名人；2017 年，我的刺绣作品被“喜迎中国共产党第十九次全国代表大会”主题《中国邮册》收录，出版素有“中国当代艺术大家·大作”之誉的邮票。2013 年，我被联合国特授予“世界亲善大使”荣誉称号。2012 年，被市政府评为苏州市姑苏高技能重点人才。2012 年，被评审为“研究员级高级工艺美术师”。2011 年，经江苏省人民政府批准被授予“第五届江苏省工艺美术大师”荣誉称号。2010 年，被授予“中国顶级刺绣艺术家”荣誉称号。2009 年，获得“中国刺绣名家艺术突出贡献奖”。2004 年，被授予第八届“苏州市十大杰出青年”提名奖，同时被授予“苏州市新长征突击手”荣誉称号等。

崔：您作为“国绣文化”的倡导者，能为我们分享一下其中的理念及意义吗？

朱：刺绣不仅仅是一门工艺，刺绣更是我们中华文化的重要象征。从古代的精美服饰、生活用品到如今的刺绣艺术品，刺绣见证着历朝历代从传统工艺美术提升到美学理念的变迁，见证着“中国工艺”迈向“中国创艺”的发展革新。在学习了汉、唐、宋、明、清时期及近代先辈大师们的技艺后，我研究了苏绣、湘绣、蜀绣、粤绣等各地方优秀大家们的刺绣风格、技法，我一直在解读、探索、尝试，希望突破几千年来刺绣作品的民俗化的局限性，希望可以开拓出中国现代刺绣艺术的发展方向，把中国传统的刺绣工艺提升到“国绣文化”艺术领域中。2017 年，我出版了《国绣文化·珍艺传承》个人作品集，并于当年在国家图书馆“文津讲坛”开设了“国绣文化·古韵今风”系列讲座。但“国绣文化”绝不是个人的事情，借此我呼吁更多的刺绣领域从业者、爱好者、支持者，不管是苏绣、湘绣、蜀绣、粤绣，每一位有使命感的人，集大家之智，创行业之新，共同推动“国绣文化”的发展！

崔：最后请您谈谈目前正在创作的作品，创新难点是什么？

朱：目前正在创作的有两个系列作品：第一个是以 12 幅作品为一系列的《一带一路·世界花》印象丝画绣，以“一带一路”沿途国家的国花及“和平鸽”为创作来源，从 2016 年至今已经创作了 5 幅，目前正在构思第 6 幅《印象丝路和平之歌·玫瑰印象》。第二个系列作品是受某博物馆邀约，在一件国家重点文物的基础上进行二次创作，这可能是我从事刺绣艺术工作以来最难的一次挑战。团队经过反复讨论研究，认为这幅刺绣作品为百年甚至千年的文物，需反映的内容信息非常多：一要反映文物中各个历史人物的生活作风与性格特征；二要反映文物创作时代的艺术风格；三要在充分尊重原作的基础上创新，如何体现中国近代艺术风格、如何融入现代艺术审美、如何展现当今中国刺绣特点，以及如何科技防腐、收藏装裱等都是需要我们深深思考的问题。而在修复创作中，可能受制于当时的工艺及千年的岁月侵蚀，文物中人物的表情、装饰等细节几乎辨识不清，我们团队在大量历史文献中查阅、调取资料，专家们反复论证当时的服饰配饰、人文气息、环境因素、时代背景等，以求还原最真实的历史，让历史重新焕发光彩。

濮凤娟

研究员级高级工艺美术师

一针一线总是情

——对话高级工艺美术师濮凤娟

文/怀念

怀：请说说您的从艺起点和转折。

濮：我从小就生长在刺绣家庭，懂事起就看妈妈刺绣，当时绣的都是以日常生活品为主，如被面、枕套、手帕之类。14 岁时我就能够独立完成简单的绣品了，以被面为主，图案有龙凤呈祥、鸳鸯戏水、花鸟虫草之类。后来，慢慢就开始跟着表姐学习绣制日本和服腰带和双面绣。相比之下，和服腰带的刺绣要求要高一些，难度也大一些。

怀：请问您师承何人？

濮：我师承王祖识老师。

怀：请您谈谈从事艺种的历史与发展。

濮：刺绣是一门具有悠久历史且中国所特有的工艺美术。苏绣起源于苏州，是“四大名绣”之一。明代，苏州的丝织业日趋发达，苏州城东成为丝织业中心，与此同时刺绣也随之兴起。民间家家养蚕，户户刺绣，豪门贵族的小姐也“畤女红”，以此消磨时日，陶冶性情。清代，苏州一度被誉为“绣市”。顺治三年（1646），朝廷又派京官来苏州，在带城桥东督造总织造局，下设南新局（在桐桥）、北新局（在顾家桥西）。由汉人工部侍郎陈有明督理。染织局则由满人尚志督理。总织造局内设有机房 169 间，其中有绣缎房 5 间，配绣匠 8 名。织造局专门制作上至皇太后，下至文武百官的服饰。新中国成立后，苏州刺绣业逐步从加工订货的方式转向合作化，苏州市妇联、文联和各区妇联都先后组织成立了刺绣小组和机绣小组。至 1957 年，苏州市就有第一、第二、第三刺绣生产合作社，苏州市刺绣工艺美术生产合作社和木渎、横塘、善人桥、西津桥等刺绣供销生产合作社，共 8 个合作社。不久，上述单位又合并，分别成立了苏绣厂（今苏州刺绣厂）、苏州刺绣研究所、苏州绣品厂等单位。当时吴县则成立了吴县刺绣总厂和吴县刺绣研究所，分别从事苏绣生产和苏绣研究工作。作为苏绣发源地的镇湖街道，有 8000 多名妇女从事刺绣生产，有 3000 多人从事绣品生产的销售、设计、装潢、画框制作等相关工作，合计逾万人从事刺绣工作，占镇湖全部劳动力的 65%，刺绣收入占个人收入的 70% 以上。

怀：请问您的主要业绩与贡献有哪些？

濮：1997 年我精心绣制了《一代伟人邓小平》肖像，将他面部的皱纹、服装上的众多褶皱，还有散落的烟灰和缕缕烟雾都淋漓尽致地表现出来，慈祥的笑容更是逼真传神。1998 年，我绣制的《国家副主席荣毅仁》大幅肖像，被媒体称赞为“稀世珍宝、传世佳作”。后来绣制了《陈立夫老先生》双面肖像绣等，针法细腻、线条流畅，令陈立夫老先生在自己的百岁华诞庆典活动中欣喜不已。2001 年，我带领 8 名艺徒绣了一幅宋代名画《清明上河图》巨幅绣品，作品长 528 厘米、宽 24 厘米。为了保持原作的古朴色彩和风格，我专程前往苏州刺绣研究所，觅来仿古丝线，先将一根丝线劈成 60 股，然后针对复杂的画面，合理使用 20 多种针法，在飞针走线、精工绣制中，使画面凸显出强烈的艺术感濮凤娟，苏州人。1969年出生于东渚镇镇湖市桥村。研究员级高级工艺美术师、一级高级技师、正高级乡村振兴技艺师。师从苏州刺绣研究所王祖识老师，学习苏绣艺术，代表作品有《一代伟人邓小平》《海伦》《清明上河图》《欢聚一堂》《萌萌》等，曾多次参加各类展览并获奖。2013年获得国务院特殊津贴。

染力。我从一名普普通通的农家女，渐渐成长为一名刺绣高级工艺美术师。同时我热心慈善事业，收徒授艺，学员中有近百人自主创业，相继在各地开设苏绣商铺。这些学员分布在全国各地，他们创业致富，所创造的总经济效益已逾亿元，同时还带动了更多的社会人员就业。

怀：请简要列举您的获奖作品与代表作。

濮：2002年，我的作品《美国名模》在第二届中国家庭文化艺术节·江苏家庭文化艺术展获银奖。2007年，《白马王子》在中国（深圳）第三届国际文化产业博览会获金奖。2010年，《小提琴》在上海世博会苏州馆获得最佳艺术设计奖。2011年，《海伦》在中国（深圳）国际文化产业博览会获金奖。2011年，《美国名模》在中国刺绣艺术馆“迎春花”奖精品展获金奖。2013年，《欢聚一堂》在第十一届中国民间文艺山花奖·民间工艺美术作品奖评选暨第七届中国（烟台）民间工艺品博览会获金奖。2018年，《萌萌》在第十六届中国工艺美术博览会获金奖。

怀：请谈谈您的职称与荣誉。

濮：2002年，我获得“双学双比”先进女能手标兵称号。2005年，获

《海伦》

《小提琴》

得“姑苏技能大奖”荣誉称号。2006 年，获得江苏省技术能手荣誉称号、苏州市青年首席技师荣誉称号。2007 年，获得江苏省有突出贡献高级技师荣誉称号。2008 年，获得全国技术能手荣誉称号。2011 年，成为江苏省第三期“333 高层次人才培养工程”培养对象，同年成为第五届江苏省工艺美术名人。2012 年，获评苏州市姑苏区高技能突出人才。2013 年，获得刺绣技能名师称号，同年获得国务院特殊津贴。2016 年，获得第六届江苏省工艺美术大师荣誉称号。2017 年，工作室被评为江苏省技能大师工作室，我被评为江苏省乡土人才“三带”能手。2018 年，工作室被评选为江苏省乡土人才技能大师工作室。

怀：请谈谈您撰写的论文。

濮：近年来我撰写的论文有《古代佛教绣品杂谈》，发表于 2011 年 8 月《人文社科论坛》和 2012 年 1 月《传统文化研究》。《漫谈刺绣艺术中的佛教文化》入选 2011 年“第五届寒山寺文化论坛”。《浅析苏绣文化内涵的变迁》发表于 2012 年 8 月《人文社科论坛》。此外，还有论文《刺绣艺术中的佛教文化刍谈》等。

计建明

区级非遗（剪纸）

代表性传承人

继承传统　剪出人生

——对话区级非遗剪纸传承人计建明

文／崔冰

崔：请问您从事剪纸有多少年了？

计：从 2001 年起，至今已有 20 年了。

崔：可以简单谈谈你学艺前的工作情况吗？

计：我在大连当过兵，在连里做通讯报务员，经过 10 个月的训练，手上磨出了老茧。虽然辛苦一点，但增强了我的动手能力。

崔：您怎么会对剪纸产生兴趣的？

计：1997 年，我和几个亲戚、朋友一起开厂，生产钢笔、圆珠笔等，我在厂里主要负责模具技术。后来，由于颈椎、腰椎都出了毛病，我开始早锻炼，打打太极拳，从而认识了陈南君。我们闲聊中，谈到剪纸，他表示，想办个培训班，如果我有子女想参加，一定优先辅导。当时，我 8 岁的儿子计振参加了他的暑期儿童剪纸培训班。就这样，我也慢慢对剪纸产生了兴趣。

《建党 100 周年》

崔：您是从什么时候喜欢上美术的，在学剪纸时遇到过什么困难吗？

计：我小时候就喜欢画画，常用零花钱买小人书、画册和邮票。特别是齐白石、傅抱石等名家的画册，买得最多。我涂鸦的作品，经常被贴在学校的橱窗里。我跟师傅只学了 4 个月的剪纸，后来就自己摸索。但很多人都不理解，我曾听到不少冷言冷语。面对这些，我只能保持沉默，但依然坚持学习剪纸技艺。

崔：这一情况是怎样开始转变的？

计：我一年四季从不间歇，坚持剪纸，技艺也逐渐提升。于是，我也慢慢得到了大家的理解。现在同里人都会向游客介绍，同里的剪纸很有名，他们也感到很自豪。春节时，退思园里的游客很多，计建明，艺名南叶。1969年生，江南古镇同里人。工艺美术师、中国民间文艺家协会会员、吴江区民间艺术家协会副主席、中华文化促进会剪纸委员会会员。高中毕业后，曾参军入伍，后合伙开厂。2001年8月，在退思园内创办『剪南春』剪纸工作室，为吴江区非遗剪纸代表性传承人。

我就挂牌——“凭票免费赠送剪纸作品”，游客排起了长队，有礼貌地来领取，并说剪得太好了！

崔：您在剪纸艺术道路上有什么印象较深的故事？

计：记得有两件事：第一件事，2010年上海举办世博会，吴江宣传部等有关部门组织参展，我去了10天。每天一大早开始剪纸，送给排队的游客。当时我还负责世博会吉祥物海宝的剪纸，以前从来没剪过，我就凭在展馆看到的海宝图案形象，构思后剪出来了，受到了参观者的好评。第二件事，2013年，我参加了由吴江外事办组织的文化交流活动。我去了法国，记得当时法国友好城市的一位市长提出，要请我剪法国的吉祥物老鹰。同去的领导有点担忧，怕我剪不出来。我构思后，在毫无准备的情况下，凭经验用10分钟左右的时间就剪出了一只栩栩如生的老鹰，在场的人都惊呆了。

崔：可以请您谈谈参赛、演示的情况吗？

计：2010年起，我开始参加一些大型展会活动。2011年参加全国性的比赛，举办地点在浙江桐庐，该赛事每两年举行一次。组委

2011 年中央电视台新春音乐会

2013 年计建明在法国

会特地写邀请函给我，我将《大双喜》寄去参赛，得了金奖。现在我的剪纸作品都申请版权了，目前已申请版权的作品有 300 余幅。2011 年，中央电视台打电话来，邀请我参加节目展演，要剪个“顺”字。这一年是兔年，我设计了一只兔子的图案，由 3 个“顺”字构成，我将剪纸图案发给他们，得到了导演的认可。我就去了北京，到了电视台，才知道是在正月新春音乐会录制现场展演。当时，河北民协主席帮我们拍了几张展演的照片。

崔：剪纸分派系吗？您的同里剪纸有什么风格？

计：剪纸主要分南派和北派。南派以福建、云南、浙江等地为代表，北派以河北、陕西等地为代表。南派比较细腻、逼真，玲珑剔透；北派比较粗犷、抽象，以形代物。我以南派为主，但也并不是完全的传统路子，我不想单纯地走南派或北派的路，想打造有同里特色的剪纸，树立自己的风格。同里剪纸的特点是有层次感和立体感。如果别人看到我的作品，不看署名，就知道是同里剪纸，

《同里退思园》

这样就成功了。剪纸的图案都有一定的寓意。过去的剪纸主要是实用性，如最早的刺绣图案，也是剪纸剪出来的。现在的剪纸，是从生活走向市场，将民间技艺更加深化，装饰性也更强了。

崔：您的代表作有哪些？

计：主要有体现地方特色的作品如《同里退思园》《同里三桥》《珍珠塔》等；有发扬传统，融入新气象的《五福临门》《年年有余》《大双喜》等；还有书法类剪纸《归去来辞》《心经》等。

计划以后将同里宣卷、赞神歌、珍珠塔故事及大运河等非遗项目，用剪纸的形式表现出来。2019 年 12 月在“宪法法治”主题非遗手工艺品创作征集大赛中，我的《法治强国》剪纸作品获得一等奖。

崔：能不能用一句话概括您在剪纸方面的体会或感悟？

计：剪刀虽然是冰冷的，但它也是有生命的。一张白纸，通过剪刀剪出图案，就赋予了它生命。曾经听到一位游客这样评价我："他手中的剪刀，就是他的画笔。"

崔：刚才提到，您还创作书法剪纸，请您描述一下。

计：我是从剪名字开始的。有时，会在剪图案时加上一点文字。现在我几乎天天习字，主要临摹名家作品，以赵孟頫为主，楷书较多。剪字要比剪图难一点，讲究布局、笔锋等。

崔：您在剪纸传承与发展方面有什么想法？

计：这几年来我一直在反思。我私下把陕西的高凤莲当作自己的老师，买了她的《高凤莲剪纸集》，临摹剪了6遍，现在还在继续练习。我在想，现代剪纸在吸收传统剪纸的同时，应该有变化和发展。还有，我一直在努力将非遗带进课堂、带进社区，普及大众。从身边的屯村小学开始，现在我成了多所学校聘任的剪纸老师。一般上午我在剪南春工作室创作，下午到学校授课。儿子计振现在帮忙打理培训班，他以年轻人的审美视角，将动漫等元素融入剪纸的新创作中，也被苏州湾外国语学校等多所名校特聘为剪纸老师。为了让更多的人接触和了解同里剪纸，方便学习，我花了5年的时间，参与由金健康、苏任、苏俊主编的《同里剪纸艺术与技法》，该书在2017年出版，图文并茂地诠释了剪纸艺术，作为大家入门的教材。很高兴，同里剪纸得到了传承和发扬。

王丽华
研究员级高级工艺美术师

塑造不平凡的自己

——对话江苏省工艺美术大师王丽华

文／崔冰

崔：王老师，请您介绍一下您的师承关系。

王：我师承中国工艺美术大师余福臻，并得到其他艺术大师及刺绣前辈的精心指导，深得刺绣艺术的精髓。

崔：请谈谈您从事苏绣传承、发展、创新的主要业绩与贡献。

王：苏绣与湘绣、蜀绣、粤绣并誉为我国“四大名绣”。精细雅洁的苏绣艺术风格和独特的地方特色，在我国传承、发展和创新，世代相传，并于2006年被列入首批国家级非物质文化遗产名录，已成为国宝。我认为，苏绣艺术是祖国的优秀文化遗产，也是吴文化的一个组成部分。在当今时代，经济发展了，人民生活水准提高了，对文化的需求越来越高，这是历史发展的必然。党的十八大决议指出：“要扎实推进社会主义文化强国建设，坚持社会主义先进文化前进方向，推动社会主义文化大发展大繁荣，兴起社会主义文化建设新高潮，提高国家文化软实力，发王丽华，1970年生，苏州人。研究员级高级工艺美术师、江苏省工艺美术大师、江苏省工艺美术名人。师从中国工艺美术大师余福臻，学习苏绣技艺，后在中国美术学院攻读油画专业，从而苏绣技艺水平有了长足进步。代表作品有孙中山先生肖像、中华脊梁——钟南山院士和青铜器系列、龙门石窟等，多次参展并获奖，2013年自创的『八工针法』获发明专利。

挥文化引领风尚、教育人民、服务社会、推动发展的作用。”在这样一个大背景下，我们更要坚定不移地传承、发展和创新苏绣艺术，这是我们应尽的义务和责任。在这方面我做了一些工作。一是在传承方面，2004年8月我在“青春中华”首届中国青年文化周的中华青年民族特色精品展示会中荣获中国中华青年民族文化优秀传承特别贡献奖。2009—2015年，我先后参加四川北川刺绣传承交流活动，与当地绣娘交流苏绣技艺，学习蜀绣优秀传统技艺，相互探索，共同学习，增进了友情。此外，还先后赴美国、加拿大、澳大利亚进行文化艺术交流，传播苏绣艺术。二是在创新上，以针代笔，以线着色，不断探索和创新，发掘独特的刺绣题材，将中西方绘画、摄影作品、雕塑、壁画与刺绣艺术相结合，逐步形成独特的苏绣艺术风格，并独创了刺绣的“八工针法”。这种针法灵动活泼，色彩丰富饱满，明暗效果强烈。我的作品包罗万象，开阖有度，动静得法，具有符号性的作品为青铜器、玉器、佛像、壁画、雕塑、人物肖像等。在平面的刺绣作品上，展示多维度的空间和心灵的涵养。2010年，我的作品荣获上海世博会最佳手工艺奖，我的创作史被收录在《政协委员风采录》中。作为中国刺绣艺术大师，我曾被中央电视台多次进行专题报道。

《马踏飞燕》

崔：请列举您的主要获奖作品。

王：作品有《孙中山先生肖像》《中华脊梁——钟南山院士》和《青铜器系列》《龙门石窟》《台湾猕猴》《犀尊》《千手观音》《藏童》《翠玉花插》《错银铜油灯》《追篙》等，在国家级展览上屡获金奖，包括3次中国“百花杯”金奖、4次中国工艺美术大师精品展会金奖。我的作品还多次被国内外美术馆和私人收藏：1998年，《首相夫妻肖像》由马来西亚前首相私人收藏。2003年，《宋庆龄像》被上海宋庆龄故居纪念馆收藏。2004年，《皮尔卡丹》由皮尔卡丹私人收藏。2007年，《希拉克》由法国前总统希拉克私人收藏。2013年，《玉兰花鸟》被中国驻沙特大使馆

《犀尊》

收藏。2014 年，《成龙肖像》由成龙收藏。2017 年，《唐卡》由拉萨大昭寺收藏。《和合二仙系列》由苏州寒山寺收藏。2018 年，《马踏飞燕》被中国美术馆收藏等。

崔：请介绍一下您所获得职称、荣誉称号。

王：1993 年，我在双学双比竞赛中获“巾帼生产能手”称号。2004 年，被评为高级工艺美术师和苏州市新长征突击手。2000 年，荣获吴中区十佳青年。2008 年，被评为苏州市工艺美术大师和江苏省工艺美术名人。2011 年，荣获江苏省工艺美术大师称号。2012 年，被评为研究员级高级工艺美术师。2014 年，荣获中国

《敦煌 45 窟胁侍菩萨》

《藏童》

传统工艺特殊贡献奖，荣获中国传统工艺领军人物奖。2017年，担任苏州高新区工商联第三届执委会执委、区商会第三届理事会理事，荣获第六届中国成都国际非物质文化遗产节中国传统工艺新生代传承人竞技成果展新生代工匠之星，被评为“中国新手工艺运动联盟”联合创始人。2018 年 9 月，参加第五届中国非物质文化遗产博览会传统工艺比赛，获得第一名等。

崔：您从艺几十年，请用一句话来总结一下。

王：以虔诚的心专注于一件事，做好一件事，塑造不平凡的自己。在传承中创新，以创新促发展。

袁中平 市级非遗（陆慕蟋蟀盆制作技艺）代表性传承人

砖雕艺术的守护者

——对话市级非遗陆慕蟋蟀盆制作技艺代表性传承人袁中平

文／崔冰

崔：袁老师好！请问您从事制作金砖、澄泥蟋蟀盆和砖雕有多少年了？

袁：记得从 1976 年起，我已随祖母袁阿招、叔父袁志良他们开始学艺，至今已有 45 年了。

崔：请您谈谈从艺经历。

袁：我出身于久负盛名的“苏州府袁氏堂”金砖和澄泥蟋蟀盆世家。从同治年间至近代，我的太祖父袁鸿石、曾祖父袁桓顺、祖父袁子寿、祖母袁阿招、父亲袁生达和叔父袁志良，全家祖辈几代都是当地制盆的高手，到我已是第五代传人了。我从幼时开始，就天天与泥土打交道，随祖母袁阿招学习金砖烧制、蟋蟀盆制作等技艺。上小学时，宠爱我的叔父就时常手把手教我这门绝技，使我深得制盆诀窍。17 岁那年我继承祖母、叔父未竟的事业，独立担当起蟋蟀盆制作的活计，梦想长大后成为一名艺术家。我在继承传统的基础上，先后开发了《铜鼓盆》《八仙盆》《竹节盆》等造型不同、形状各异的蟋袁中平，1970年生，苏州陆慕人。高级工艺美术师。自幼随祖辈学艺，制作金砖、蟋蟀盆，擅长制作蟋蟀盆和砖雕工艺，既继承了传统技艺，又开发了新品，作品自成一派，为金砖、蟋蟀盆世家『袁氏堂』的第五代传人。代表作品有砖雕鸟巢、姑苏繁华图、清明上河图、百骏图等；蟋蟀盆清风古韵、岁寒三友等。作品百子图蟋蟀盆获得中国民间文艺最高奖『山花奖』。2002年建立了『中平澄泥堂』工作室，2008年被认定为苏州市第一批市级非物质文化遗产项目陆慕蟋蟀盆制作技艺代表性传承人。

蟀盆。尤其是那些在盆上精雕细刻的人物、花鸟、飞禽、走兽等形象，使蟋蟀盆更添光彩。哪怕不养蟋蟀，将盆陈列于居室、案头，也是一件精美风雅的艺术品。2002年，我建立了“中平澄泥堂”工作室，中国文联副主席、中国民间文艺家协会主席、著名作家冯骥才先生为“中平澄泥堂”欣然挥毫题了四个大字“诗质画境”，这更加触动了我的心灵，激发、鼓励了我从制作蟋蟀盆转型到砖雕艺术。从那时起，我便访师寻友，收集资料，勤学苦练，潜心于砖雕艺术，与砖雕艺术结下了不解之缘，对其产生了深厚感情。

崔：请谈谈苏派砖雕的发展历史。

袁：砖雕历史悠久，它由东周瓦当、汉代的画像砖演变而来，苏派砖雕素有“南方之秀”美誉，驰名中外。苏派砖雕是我国众多砖雕中的一枝奇葩，它经历代能工巧匠的辛勤创造，形成了一套完整而又严格的工艺流程和精密的工艺操作方法。苏派砖雕采用上好的苏州陆慕御窑烧制的金砖（青砖），雕刻出各种优美的图案、生动的形象，可作为古建筑、古民宅的装饰内容之一。苏州砖雕于2011年9月被列入第三批江苏省非物质文化遗产名录。宋代，苏州的砖雕技艺已有相当高的水平。砖雕一般用来装饰宅第、园

《大斗盆》

林、门楼、门罩及官邸或祠庙的八字墙。在江南地区，只要是略具规模的住宅，大多沿着纵轴线布置花厅、轿厅及住房，形成一进又一进的庭院，单独的门楼为了气派美观，门楼上须有横额题字，并配有人物故事、花鸟鱼虫、吉祥如意等花纹图饰，加以精雕细刻，作为装饰。人称“百子格”“花墙头”，指的就是砖雕门楼。到了明清时期，苏派砖雕技艺已达到极高的水平。尤其是清代，苏州所出状元数量居全国之首，他们衣锦回乡之时往往不惜重金营造气势宏大的深宅大院，精雕细刻的砖雕门楼就成为其门庭显赫的象征。当时，苏州砖雕名家辈出，高手林立，留下的砖雕门楼多达100余座，分布于古城小巷深宅之中。如大石头巷吴宅“四时读书乐”门楼，东花桥巷中和里汪宅、滚绣坊顾宅、卫道观前民生里潘宅中均有门楼，其中最为著名的砖雕门楼是网师园的万卷堂和东山雕花大楼的春在楼。这批砖雕门楼造型古朴、刻画细腻、线条流畅、刀法圆润、鬼斧神工，具有典雅精美的江南地方特色和东方民族艺术装饰风格。如今，苏派砖雕技艺经历代能工巧匠的辛勤耕耘，不仅可作为古建筑和古民宅的装饰和点缀，而且这门古老的艺术已发展成为走进寻常百姓的居室、案头的艺术欣赏品，给人以美的享受。

崔：请问您有哪些获奖作品或代表作？

袁：经过10多年的辛勤耕耘，我在继承和创新上已形成了自己的砖雕艺术风格，取得了令人刮目相看的成绩。在参加全国、省、市各类博览会、展评会上获得金、银、铜奖达50多项，其中2001年8月由苏州市文联领导带领前往北京农展馆参加第二届中国国际民间艺术博览会，作品《百子图蟋蟀盆》获得中国民间文艺最高奖"山花奖"。2008年，在全国上下喜迎第29届北京奥运会隆重开幕之际，我为表达自己祝福北京奥运会的心情，早在2007年8月就创作了两幅寓意深刻的迎奥运砖雕作品，被北京奥组委收藏。2008年北京奥运会前期，我再次萌发了创作奥运会作品的想法，根据网上下载的鸟巢和水立方图案资料，结合砖雕艺术的特点，又精心设计、制作了2块各8.8厘米宽、20.08厘米长的砖雕，运用砖雕技法，雕出《鸟巢》和《水立方》。作品问世后，受到各地媒体的关注和参观者的高度评价、赞扬。2010年，我又精心制作了4幅砖雕屏风《春夏秋冬》，作品亮相上海世博会，受到广大观众的青睐。2011年，砖雕艺术打破了千百年来一直作为古建筑、古民宅装饰的传统框架，一幅大型砖雕艺术欣赏品《姑苏繁华图》在苏州问世。我将清代经典画卷《姑苏繁华图》与传统工艺砖雕艺术结合起来，把苏州这两大文化精品合而为一，在金砖上再现《姑苏繁华图》，前后共花了两年多时间才圆满完成，纯属首创。全卷长1280厘米，宽约36厘米。大型砖雕屏截取原图中最繁华的一部分：府城西部胥门、阊门内外和万年桥一带至七里山塘到姑苏名胜虎丘山的市肆繁华景象。砖雕作品长650厘

《龙凤佩》

米、厚 70 厘米。选用的金砖，全部为 35 厘米见方、2 厘米厚，质地细腻，无一丝杂质。这些金砖由我亲自烧制而成，经过选泥、炼泥、制坯、烘干、烧制、打磨、粗磨、细磨等十多道工序。为确保产品质量，每烧制 100 块砖只能选用 30 块。我和儿子袁超一起着手设计、绘画、雕刻砖雕版《姑苏繁华图》。我们以刀代笔，首先理解原稿作者的艺术风格和要表达的内涵及意境，再结合自身的风格和创意进行砖雕创作。从局部到整体，有重点、有步骤地运用平雕、浮雕、深浮雕和镂雕等砖雕技艺手法，精雕细琢，然后再修饰细节，校正画面，最后把近百块砖雕拼成整体画面，达到“天衣无缝”，成为一幅完美统一的砖雕艺术欣赏品。砖面上雕刻有江南的湖光山色、流水人家、田园村舍、古渡行舟、沿河市镇、商业集市等景观和形形色色的人物，惟妙惟肖，立体感强，生动形象地反映了 18 世纪中叶古城苏州市井风情的繁荣盛况。这幅砖雕版《姑苏繁华图》，具有一种视觉冲击力，吸引了人们的眼球，富有东方民族特色和江南独特的苏派砖雕艺术风格，精美绝伦，美不胜收，现展示在苏州市相城区非物质文化遗产展示馆，作为一种文化、一种精神传承下去。2012 年，我又将宋代经典画卷《清明上河图》“搬上”砖雕。我带领 10 多位雕刻工艺师，耗时 3 年多时间圆满完成。2014 年是马年，我又马不停蹄地创作了一件砖雕《百骏图》，画稿系意大利籍、清著名画家郎世宁的《百骏图》。再现了姿态各异的百匹骏马有卧有立、聚散不一、自由舒闲、放牧游息在草原的场景。我们采用平雕、浮雕等传统砖雕技法，把百匹骏马雕刻得淋漓尽致，远近的草木、人物生动活泼、栩栩如生，将砖雕艺术发挥到了极致，耗时两年半才圆满收工。2021 年创作的砖雕肖像作品——伟人像《毛主席》、中国工程院院士肖像《袁隆平》，同样形象逼真、栩栩如生。

崔：请问您获得了哪些职称、荣誉称号？

袁：我是高级工艺美术师。2005 年,荣获首届“苏州民间工艺家”称号。2009 年，砖雕作品《庆祝人民政协成立 60 周年》、砖雕屏《牡丹》、砖雕屏《荷花》、金砖笔筒《百子蟋蟀盆》入选庆祝国庆暨人民政协成立 60 周年“和谐乐章”工艺美术作品展览，并被授予荣誉证书。2012 年，被评为苏州市姑苏区高技能重点人才。2013 年，被授予“苏州市民间文艺活动优秀工作者”称号。2015 年,被确定为相城区首批“阳澄湖文化重点人才”。2017 年，捐赠“苏州御窑金砖博物馆”9 个砖雕大字，由苏州金砖博物馆永久收藏，并被特授予捐赠证书。2017 年,“中平澄泥堂”被列为科普教育基地。2018 年，相城区蠡口袁氏堂澄泥蟋蟀盆工作室被评为苏州市特色文艺创作基地。2020 年，我被评定为江苏省乡土人才“三带”名人等。

《薄胎中铜鼓》

崔：您在砖雕的传承与发展方面有什么想法？

袁：在设计制作砖雕艺术道路上，既要反映祖国的优秀传统文化，又要凸显独特的苏派砖雕地方艺术风格，给人以精神的愉悦和美的享受。在新时代，为推动苏派砖雕艺术的传承和创新做出新的贡献，为实现自己砖雕艺术梦而加倍努力。要塑造不平凡的自己，必须要用毕生的精力去追求！

许永良

高级工艺美术师

匠心匠人　石雕结缘

——对话区级非遗传承人许永良

文／怀念

怀：请说说您的从艺起点及转折。

许：1987年，我17岁时，一次偶然的机会，得以师从蒋海明，开始学艺砚刻，自此与石雕结缘。1989年左右，砚台销路惨淡，我和师傅开始探索嶬村石雕的新形式，尝试雕刻完成竹子壶和树桩壶，这是使用嶬村石制作石壶的首创，我们的作品被上海客户购买和定制，成功拓展了市场。1993年至1996年，我学习研究徐秀棠、蒋蓉、顾景舟等前辈的制壶艺术，不断打磨雕刻技艺，并将不同门类的雕刻艺术进行融会贯通。1994年，成立个人石雕工作室，石雕事业全面铺开。我开始收徒授徒，传播雕刻技艺，和上海展览中心合作，设计的石雕作品出口至日本，远销海外。同年，在上海展览中心老馆长的帮助下，得到上海篆刻家高式熊的悉心教导。2000年，我的工作室正式定名为“古风永良石刻工作室”。2009年至2010年，我着手地方文化保护、历史遗迹修复等工作，全面修复了苏州小王山民国时期的摩崖石刻，设计雕刻了苏州穹窿山景区宁许永良，苏州人。1970年出生于苏州穹隆山东麓的南竹坞。高级工艺美术师、吴中区非物质文化遗产项目藏书澄泥石刻代表性传承人。师从蒋海明，学习石砚雕刻，后得到上海篆刻家高式熊的教导，从此与石雕结缘，积极参与苏州市文化保护、历史遗迹修复等工作。2000年开设古风永良石刻工作室，探索、创新砚台雕刻技艺，代表作品有家、南瓜套壶、九龟荷叶砚和石雕五谷丰登等，多次参展并获奖。作品先后被上海、北京、广州、香港、台湾等地收藏，部分作品还被日本、美国、新加坡、马来西亚等国的公司收藏。

邦寺最高峰摩崖石刻。2013年至2015年，继续推进地方文化保护、传播和传承工作，设计并雕刻完成苏州吴中区金庭镇金亭内的《金庭记》、苏州穹窿山孙武文化园摩崖石刻，完成孙武碑廊补刻工作等。

怀：请您谈谈从事艺种的历史及在苏州的发展。

许：灵岩山位于苏州西郊，古今闻名，因其山多奇石，状如灵芝，故名“灵岩山”。在山之西麓，有个曾以产石砚而闻名遐迩的古村巙村。宋元两朝，巙村石屡禁屡开。明代则大量开采，至嘉靖年间，巙村石已被采去大半。万历年间，巙村石被大吏封禁。于是，挖石琢砚的乡民陆续向西至焦山一带开采砚材。迨及清咸丰、同治之际，巙村“裂变”重组为东巙村、下石码头、匠人巷（今象形巷）、西石马头等数个村。民国元年（1912）11月，吴县设木渎市。此时，原巙村区域内的西石马头已形成集镇，改称石码头。之后，一些挖石、琢砚的乡民在石码头集镇之北定居，形成了一个新的村落——西巙村。1929年8月，木渎市同善人桥乡合并成木渎区，定为吴县第二区，石码头镇改称焦山镇，属木渎区，东巙村并入石码头，改称石码头村。1937年，日军侵入苏州后，原灵岩山巙村石开采坑被封，并在原址造了房子，采石工被迫转移

《簸箕砚》

至他处采石。新中国成立后，灵岩山巉村老坑石虽然难觅，但采石工在巉村偏东又发现了新坑，该坑砚石质量较好。1999 年，禁开山采石条例出台，灵岩山砚石禁采。但五峰山、马岗山一带砚石仍有开采。不过这些异地开采的新坑砚石料，大部分砚石在质地方面都远不及老坑石料。苏州的巉村石砚，肌理滋润细腻，色泽典雅古朴，具有“活石”之灵感，“灵石”之神韵。清代最权威的宫廷砚谱《西清砚谱》，正册收录了宋代巉村石砚五方，每一方都有乾隆皇帝的铭文。其中卷十四记载宋代巉村石凤池砚铭为：“龙宾休说巉村无，犹此晨星一二俱。漫诩外庭希见也，空知内府久藏乎。”在收录较全的日本《东京精华砚谱》上说，产于苏州的巉村石砚，是中国最美的砚台。苏州澄泥石砚历史上深受苏州文人群体的影响，以简约雅致的造型和精美文雅的雕刻画面取胜，形成了在全国石雕界独一无二的艺术风格，是文人艺术与工匠艺术结合的完美典范，是中国艺术宝库的瑰宝。此外，已故的近代砚雕家陈端友先生，也创作有多件澄泥石刻砚雕作品，被收藏于上海博物馆，另有一件澄泥石雕作品在西泠印社拍卖会上拍出了 200 多万元的价格。此外，澄泥石刻还涉及一些建筑构件、生活用品、文房器物，大多形象生动，极其逼真，精细而不失文雅。2007 年 3 月，藏书澄泥砚石刻被列入第一批江苏省非物质文化遗产名录。

怀：请谈谈您对从事工艺的传承、发展、创新以及主要业绩与贡献。

许：从 17 岁开始到现在，我主要从事石雕雕刻。从事雕刻的时间已超过 30 年，想想当年一起学艺的同行，坚持到现在的已寥寥无几，都改行了，而我一直倾心于石雕的创作。我的坚持也得到了社会的认可，于 2008 年获得了高级工艺美术师的职称。自从 1994 年成立石雕工作室后，我培养了苏州、湖南、安徽、江西等省市的石雕工作者几十人，使他们在很短的时间内有了超一般人的雕刻技艺。而我的工作室在本地被同行称为“雕刻特训班”。在近 30 年的雕刻生涯中，我能把生活中发现的题材、感悟与灵感，结合一些优秀的传统文化，采用线刻（俗称“薄衣刻”）、浅浮雕、高浮雕、圆雕等技法，以砚台、石壶、摆件等多种雕刻形式表现出来。我在以巉村砚石原料雕刻为主的情况下，又以端石、松花石、红丝石等材料创作了一些砚台作品。同时也尝试了树根等材料的雕刻，通过对各种材料的雕刻尝试，我也适应了各种材料的性能，从而能创作出题材广泛多样的雕刻作品。吴中区穹窿山小王山民国时期的摩崖石刻字，因数十年埋没在灌木和泥土之中，年久失修，损毁严重，当地政府为了恢复和保护好历史文化遗产——石刻书法，在 2009 年由有关部门和我共同上山一条一条找出，并由我查资料雕刻修复，最终完全恢复了书法家书体的神韵。2010 年，苏州市穹窿山管委会提议决定，由我在苏州穹窿山景区的宁邦寺最高峰的石崖上刻一些名人的书法。刻字历时几月，使原来

《九龟荷叶砚》

光秃秃的石头又多了一个可观赏的景点。2012 年底，我在金庭镇新建的旅游集散中心接到一个任务。在正对进镇前路口的十数米高的假山刻上“洞庭春色”四个大字。并由我雕刻石碑，石碑两面刻字，一边为“苏东坡的洞庭春色赋”书法，一边为新作词《金庭记》。书法体全部由我一个一个地查资料找出、整理，当年雕刻完成。在砚台雕刻方面，我一直在探索，在创新，从没间断。而在创新过程中，老题材出新意，且一直有所突破，既继承传统，又改道求新，突出了作品创意。这些年来，我的作品被上海、北京、广州、香港、台湾等地收藏，部分作品还被日本、美国、新加坡、马来西亚等国的公司收藏。我的事迹和作品先后在《中华热土》《新世纪当代艺术家名录》《中国当代工艺美术精品集》《中国农民艺术》《吴中美德》《李根源与小王山》等书籍上刊登。个人被《上海家庭报》《中国矿业报》《苏州日报》《姑苏晚报》《城市商报》《江南时报》等全国各报刊媒体介绍。地方电视台、中央电视台国际频道《东方时尚》栏目等皆有专题报道。

怀：请问您的获奖作品与代表作有哪些？

许：2000年10月，我的作品《家》系列获第六届中国艺术节新人新作奖；同年作品《南瓜套壶》获第二届中国国家级工艺美术大师精品展银奖。2012年作品《九龟荷叶砚》在中国（苏州）"子冈杯"玉石雕精品博览会获银奖；同年，石雕作品入选中国当代工艺美术双年展，并在北京中国国家博物馆展出。2014年，石雕《五谷丰登》在首届中国苏州民间艺术博览会获金奖等。

怀：请说说您获得的职称与荣誉。

许：2008年10月，由江苏省人事厅颁证获"高级工艺美术师"资质。2012年4月，由吴中区文体局颁证获"藏书澄泥石刻区非物质文化代表性遗产传承人"资质。2014年7月，经苏州市人民政府批准获"苏州市工艺美术大师"称号。2016年4月，荣获苏州市吴中区总工会授予的"吴中工匠"称号。2019年4月，获聘为江苏省版权协会评鉴专家库（砚雕类）特聘专家。

怀：请谈谈您撰写的论文。

许：2015年12月，我与王福珠合作的论文《中国手工艺类非物质文化遗产现状及对策——以苏州嶦村石雕制作工艺为例》荣获由江苏省民间文艺家协会主办的第十一届江苏省（野马渡）民间文艺青年论坛优秀论文奖。

瞿利军 省级非遗（苏州玉雕）代表性传承人

知者创物　巧者述之

——对话江苏省工艺美术大师瞿利军

文／叶志明

叶：瞿大您好，圈内都如此称呼您，我也入乡随俗。依稀记得我们第一次相约，是在护城河的盘门旁，现在在齐门见面。这期间您好像经常“搬家”？

瞿：对于艺术家，尤其是年轻一代来说，“搬家”似乎像家常便饭一样。虽然它不似候鸟迁徙般与生俱来，亦不如远方游子般惆怅难以忘怀，但是它确实会影响到艺术家那本就不易寻觅到的灵感缪斯的刹那。俗话说：“树挪死，人挪活。”“搬家”主要是挑战新机遇，转变自己的思路，在新的地方，打开崭新的格局。

叶：在我印象中，您的成名作品是器皿，双层薄胎白玉器皿曾是您的符号。但近年来，您的作品往往以表现吴地山水、文人情调为主，这种变化背后有哪些思考？

瞿：我觉得能“造器”不算本事，即使我做出了装饰精细复杂的双层薄胎器皿，也还是停留在匠人的阶段，这一类作品更多是技艺的展示。双层薄胎器皿制作难度大，是考验“工”的最好试金石，而“艺”的方面不是靠烦琐、满工来展示的，应该体现在文化气质上。陆游说“功夫在诗外”，一首传世的好诗，绝不仅是辞藻、技巧上的出色，更重要的是内涵与意境。意境是最难拿捏的东西，而恰恰是艺术家才学、修养、精神境界等方面的综合外化。不用重工，将意境和趣味糅进玉中，让作品看起来容易，却又饱含思想，无论原料、工艺还是技法题材都无需拘泥于所谓的设计。在我看来，在玉雕的世界里，光有一颗匠心，远远不够，甚至，那只是玉雕艺术的浅层水平。匠人如果没有思想，艺术就死了。

《羽化凡尘》

瞿利军，1970年出生，苏州人。研究员级高级工艺美术师、江苏省工艺美术大师。2012年，被认定为第四批江苏省非物质文化遗产项目（苏州玉雕）代表性传承人、江苏省突出贡献中青年专家。1989年从苏州工艺美术学校雕刻班毕业后，进苏州玉石雕刻厂从事玉雕工作。1992年，自创中鼎玉雕工作室。多年来，在继承苏州玉雕传统风格的基础上开拓创新，独树一帜。无论是仿古挂件还是摆件，无不具有空、飘、细、雅的苏作风格。尤以制作白玉器皿件为特长。2014年著书《流风回雪》。现任苏州市工艺美术行业协会常务理事、苏州市玉石雕刻行业协会常务副会长（代会长）。

叶：2008年，我曾为首届“子冈杯”玉雕精品展设计编辑图册，我记得您的作品荣登榜首，并且从首届至今，您的作品几乎一直锁定着金奖。戏谑地说，您是“金奖钉子户”，但严峻地说，其间饱含着难言的坚毅。2012年，您又成了江苏省非物质文化遗产项目（苏州玉雕）代表性传承人，面对一大堆响当当的头衔及金闪闪的奖牌，您是如何看待的？

瞿：某种意义上，这些头衔及奖牌属于当代苏州玉雕成绩与名誉的组成部分。我没有所谓的学历背景，但我有正统的师承脉络。为此我感恩苏帮玉雕，它的艺术精神、文化传统、学术史料，从我1989年进入苏州玉石雕刻厂开始，一直是我内存于心的一种能量、一种依托、一种引领、一种高度。在几十年的折腾中，我在案头琢来磨去，热衷于探求它的历史内涵与历史真相的兴趣便由此而产生，使我走进多姿多彩的玉文化天地。现在自忖算是一个出师的“行内老艺人”，我能够守住对玉雕艺术的一份虔诚与纯真，能够达至一定的高度，完全离不开这些。所以，今天赋予我个人名下的这些认同，理应要给予苏帮玉雕这片艺术沃土一份回馈。所以，对于头衔和奖牌，它们是我签订的一份份园丁“责任书”，驱使我角色转化，为业内树榜样。目前我们协会一拨领军人物彼此鼓励，把每一份荣誉，都视为一种责任和担当，并敢为

《童年记忆》

《文房雅玩》局部

人先，决不故步自封。

叶：的确，从近期的作品中我读到了全新的瞿利军。从一位普通的工匠成为当代中国玉雕艺术家，并成为苏州市工艺美术行业协会玉雕专业委员会的核心领导人之一。那么，请您介绍一下协会是如何推进苏州玉雕大发展的？

瞿：通俗些说，我的成长其实就是协会成长发展的一个缩影。2006年，您与市人事局、协会领导来我公司调研，那时，我完全是个白丁。当时的苏州玉雕产业虽大，但影响力小；从业人员虽多，但缺乏创新引领；虽不乏名家高手，但难以脱颖而出；更因各自为战，难以形成团队优势。见到你们后，我即刻入会，终于找到了“家”的温暖及呵护。2008 年，“苏州玉雕”被列为国家级非物质文化遗产代表作名录项目。随后，我们一批热心于苏州玉雕事业发展的匠人在苏州市工艺美术行业协会的指导下，发起成立苏州历史上首个“玉雕专业委员会”，并设立了“子冈杯”玉雕精品展。2014 年 8 月，苏州市工艺美术行业协会玉雕专业委员会升格为苏州市玉石雕刻行业协会，它标志着苏州玉雕行业有了一个全市行业性的独立社会组织，这为充分发挥政府与会员之间的桥梁纽带作用，服务企业，规范行业，发展产业，进一步弘扬苏作玉雕优秀传统，提升苏州玉石雕刻的产业层次和市场影响力，促进全市玉雕行业健康有序发展，提供了十分重要的载体与平台。目前，协会正准备换届，暂由我主持协会全面工作。

叶：历史上，苏州玉雕因涌现一代宗师陆子冈而名闻海内。今天，苏州玉雕因创立“子冈杯”石雕精品展览而令全国瞩目，请问“子冈杯”对当今苏作玉雕的传承起了多大作用，对中国玉雕发展有何影响力？

瞿：明末清初，全国有三大玉雕产业区，分别是北京、苏州、扬州，其中数苏州最为突出，并以“子冈牌”而“名闻朝野”。陆子冈的“子冈牌”，融诗、书、画、印于一体，以丰富而多变的技法将形式美和艺术美结合得完美无比，其创意和技艺引领了当时玉牌创作的潮流，将制作工艺提升到一个空前高度。改革开放后，苏州经济发展迅猛，开放圆融的市场环境吸引了来自浙江、河南、福建、安徽、上海、新疆以及江苏其他城市的玉雕创业者、从业者，苏州的玉雕队伍迅速壮大，数以千计的玉器作坊、玉器商铺鳞次栉比，各种流派、风格争奇斗艳。从某种意义上说，当今的苏州玉雕已基本涵盖了全国大部分的玉雕品类和风格特色。对此，苏州市玉石雕刻行业协会顺势而为，创立了“子冈杯”玉雕精品展览及评比活动。如果说第一届“子冈杯”是仓促上阵，参展的作品大都还仅是艺术家们从日常制作的玉雕精品中挑选出来的，那么第二届的“子冈杯”已经有了很大改观，至第三届“子冈杯”之后，其大部分参展作品已是特地为参展“子冈杯”而精心设计创作的，代表了作者的技艺水平。第四届后，参展地域涉及北京、上海、浙江、河南、河北、安徽、广东、辽宁、新疆、福建、山东、陕西、甘肃，以及江苏的扬州、连云港等地，基本涵盖了全国主要玉石产地和玉雕制作基地。还有来自英国、新西兰、美国、加拿大等国的玉雕艺术家的加盟。“子冈杯”平台的搭建，不仅展现了当代苏州玉雕所取得的丰硕成果，在更大的层面上使全国玉雕同行和社会各界加深了对当代苏州玉雕的认识，而且极大提升了当代苏州玉雕的品牌影响力，激发了苏州玉雕从业者争先创优的积极性，使之成为苏州玉雕创新创优的推进器，提升人才、提档升级的孵化器。这个平台引领着苏州玉雕创作创新的潮流，同时也培育了一大批新一代的玉雕名家，极大地提高了当代苏州玉雕在全国的知名度和影响力，其专业性、权威性和品牌效应已成为全国同行业的一面旗帜。

叶：相比于器皿大件，您的小件在现代设计中融合了传统工艺，演绎出了江南文化的精髓，使得作品更有时尚性；在把玩功能上，形态崇尚简约，摆脱空间的局限。这些迷人的设计和温润的质感，让我看到了爆棚的设计感、满满的艺术和时代气息。

瞿：在传统玉文化中有“玉不琢，不成器”一说，可通俗理解为“琢磨”。一块玉的雕刻过程，同时也是创作者思维的过程。一块玉要雕刻成为一件理想的艺术作品，就必须先有一个巧妙的构思，从而将最好的意蕴、最美的纹饰、最俏的姿态自然地赋予玉料之中，把光泽、温润、典雅、优美的形体从坚硬的玉石之中解脱出来。无论时代如何变迁、形式如何多元、工艺如何更新，玉雕人自身仍是所有问题的核心。炫技并非当代玉雕师的应有之义，设计才是玉雕不灭的灵魂，玉雕人的思想才是中国玉文化得以延续基因的保障。在设计时，面临每块独一无二的自然精灵，我都会依循玉料的天然状态来创作。譬如，我近来设计创作的一组《蛐蛐罐》玉雕件，三个罐子由一块新疆和田玉籽料精心雕琢而成，小罐可放置于中罐之中，而中罐又可放置于大罐之内。更为可贵之处是，每只蛐蛐罐都配了一只碧玉蛐蛐，增加了作品的灵气，使作品活了起来，妙趣横生。整套作品看似极简，但充满了意境和趣味，且工艺水准精湛，做工很难逾越。又譬如，近期作品《霾》对于极为重视传统的中国玉雕界来说，或许是一次大胆的尝试。这件作品无论材料上还是立意上都有别于我以往的作品，我想表达的其实是一个保护自然环境的主题。对于玉雕来说，将生态意识也融入题材创作中去，我想这是玉雕适应时代发展必须经历的一步。事实上，传统的玉雕题材并不缺少自然生态这样的主题，但是这些作品更为侧重的是对“美”的呈现，对“丑”的揭露很少，这或许是陷入了一个美学的误区吧。美自然给人以愉悦，但并不能代表自然界的全部真实情况，反而很多时候对“丑”的揭露恰恰是对“美”的阐发。再譬如，我的作品《禅院晨钟》与以前传统的设计理念不一样，这件作品有一大特点是对背面的处理，背面也是洒金皮。我只把有纹理的地方做成一些山石，一条山间小径通往禅院，其他地方皆为苍山莽林，巧妙利用了明暗虚实的对比，将虚的部分融入空蒙的山色中。如此，正面和背面形成了呼应，画面不是割裂的，而是连续的、立体化的。2017 年 9 月，我在苏州博物馆成功举办了苏艺天工大师系列——瞿利军玉雕作品展。苏州博物馆陈瑞近馆长说：“《周礼 · 考工记》云：‘知者创物，巧者述之。’前者强调创造中的思维与观念，后者是在已经被创造的事物上做出更精进的演化。瞿利军的玉雕即是如此，从不囿于传统的创作模式，始终适应时代人文精神，不断成就新的苏式玉雕之美。如此，他创作的不仅是一件件玉雕，他是在雕刻苏州的玲珑。”这段话，是对我近期设计水准一个客观总结，“知者创物，巧者述之”将是我今后工作的方法论和目标。

赵显志

研究员级高级工艺美术师

北人南相 化瑕为瑜

——对话江苏省工艺美术大师赵显志

文／叶志明

叶：大赵，您好。请谈谈您的琢玉历程、师承关系。

赵：我是河南人，1991 年 8 月，我于河南镇平县工艺美术学校毕业后，就走上了玉雕之路。河南镇平县是国家命名的“中国玉雕之乡”，是我艺术启蒙的地方。镇平的玉雕博采众长，既有京津派的雄浑豪放，也兼苏扬派的婉约细腻。所以，去苏州看看是我的心愿。终于在一个偶然的机会下，我于 1992 年夏天来到心驰神往的苏州，求师游学。当第一次看到了传说中的苏帮玉雕，其精湛技艺令我叹为观止，我便萌生了“南漂”的念头。所以说，我的师承体系很杂，只能归纳为“北人南相”。作品风格定型在“苏工”的模式中，近期的《江南水乡》主题系列作品在“天工奖”“百花玉缘杯”“子冈杯”等大赛中屡获金奖，我也成为当代苏州玉雕代表性人物之一，并荣膺了“江苏省工艺美术大师”称号。

《敦煌印象》

叶：圈内称您为“猴王”，这其中有什么故事吗？

赵：苏州玉雕多以小作见胜，所雕玉器利用天然皮色和玉石本身的白洁巧思巧做，雕琢出色彩可人、玲珑精致的作品。我擅长做巧雕是源于一次巧遇。有天我在市场上看到一件猴子样式的压模工艺品，使我突然想起家里有块玉质不太纯的材料，这块料中有一段色泽和这件工艺品十分近似，于是我巧妙地利用这块料，精心构思并雕出了一件栩栩如生的《大猩猩》玉摆件。作品一面世，即被藏家购走，并被中央电视台《艺术品投资》栏目介绍。这件事激发了我对巧雕的专注，我接二连三地创作了《辈辈封位》《后福无穷》《封侯挂印》等讨口彩的“猴”主题作品，以及一批具有深厚艺术内涵和特色的“猴”题材系列作品，如《花果山》《猴子捞月》等，这些作品让人在品玩中浮想联翩。

赵显志，1970年生，河南镇平人。研究员级高级工艺美术师、江苏省工艺美术大师。1991年毕业于镇平县工艺美术学校。1992年来到苏州，求师学艺，经多年钻研、磨炼，于2001年创立玉雕工作室。作品多以人物、动物、花鸟、山水为题材，擅长俏色巧雕，虚实相兼、简练大方、淡雅清逸、诗意浓厚成为其主要风格，因而自成一系，作品多次在天工奖、『百花玉缘杯』『子冈杯』等大赛中获金奖。现任苏州市玉石雕刻行业协会副会长、苏州市河南商会珠宝玉石委员会会长等职。

叶：如此看来，您独享“猴王”之誉，缘于巧雕。您与巧雕应该有故事吧？我在2008年编辑苏州民间工艺家首届“子冈杯”作品集时曾与您约见，俏色巧雕是您留给我的印象。

赵：谢谢叶老师关心！我的确喜欢巧雕，它是玉雕技艺中“化腐朽为神奇”的最高表现形式。由于原石形体各异、色彩相间，便有了匠心独具的俏色巧雕，可谓“七分蕴成，三分工就”。所谓“巧雕”，我认为就是因形就势，由色施艺。根据多年的创作经验和感受，以及对俏色巧雕的作品分析比对，我梳理了几种比较有代表性的类型和方法。

叶：具体有哪些代表性的类型和方法？请举例概述一下。

赵：以下的归纳，仅是我在俏色巧雕中使用的一些主要方法，然而能够探索的空间应该还更为广阔。其实，寻求变化是俏色巧雕最核心的本质。总之，每块玉料的皮色和形状是有限的，而艺术创作的思维空间是无限的。具体来说，一是需要遮瑕处理的玉料。譬如作品《高瞻远瞩》，原本这块料子的皮底分布着很多僵点和绺裂，设计为鹰就可以利用对其羽毛纹理的刻画遮去这些瑕疵，使作品达到一个良好的整体效果。二是具有特定形状与皮色玉料的俏色巧雕。譬如作品《伊人风尚》等，设计灵感

《时光里的水天堂》

均来自杂志上的插图，那种大块面塑造形体服饰的现代感很适用于皮色的表达，展现出一种原生态的形式美。三是去除瑕疵后玉料的俏色巧雕。譬如作品《安居乐业》，将大片的黑“脏”玉质刻画为两只鹌鹑，达到了化瑕为瑜的效果。四是根据玉料原色的俏色巧雕。譬如作品《禅语》《荷塘清趣》《龙虾》等，均是利用天然的料色和写实的手法，对动植物形神的刻画几乎都达到了乱真的效果。五是运用玉料皮色厚薄的俏色巧雕。譬如作品《水城三阙》，把写意理念通过虚实变化和色彩对比，描绘出水乡典型形态和意境。六是依形构思设计的俏色巧雕。譬如作品《妃子笑》，利用原石上一小块透明的玉质构思设计，鲜红的皮壳包裹着晶莹的果肉，真实、形象。在完整保留玉料整体形状的同时亦达到了蕴而不显、内有乾坤的艺术效果，我将这种方法称为“蕴料法”。这种俏色巧雕最为独特，也是我最钟情的一种手法。七是玉料色彩反差明显的俏色巧雕。譬如作品《逸园玉印》，依照穿插层次分别将俄料上层次分明的红、黑皮色摘为红色的喜鹊、树丫，黑色的瓦片屋檐和白色的院落围墙，产生了干净利索的俏色效果。八是通过皮色过渡的俏色巧雕。如作品《狼群》《山樵云归》等，利用籽料上自然过渡的皮色和僵色表现狼群在奔跑时毛发飘逸的灵动感，通过皮色打薄而产生重峦叠嶂的虚实感。

叶：2011 年，《水城三阙》夺得了“子冈杯”和天工奖的双料金奖，标志着你尝试《江南水乡》主题系列作品的成功，请谈一下您的《水城三阙》创作心路。

赵：作品成功应了那句“一方水土养一方人”。能成为苏州人，我一直心怀感恩之心，这份情感落实在行动上便催生了以《江南水乡》为主题的系列作品。《水城三阙》刻画了一组姑苏水城风情，我在材料的选择上第一次选用俄罗斯料，并根据俄罗斯料特有的丰富色泽变化，最大限度地采用巧雕的技艺，整套作品既可独立成章，又可相连成璧，像是一幅缩小的卷轴。作品双获金奖后，参加了随后进行的拍卖。当时，由于这是比较满意的作品，所以不舍得拍卖，于是我在价位上定了高价，自认为应该没人会竞拍。没想到，作品一上拍场，不仅有人买，而且价位远超我的预期。《水城三阙》以 180 万元被一位北京藏家拍下，并创下了俄料雕件的最高价格，扩大了俄料在玉石雕刻领域内的运用面与认同度。

叶：您来自河南，现定居苏州，沉浸在南北两种不同的文化中，您是如何在两者间去融合的，或者说是如何自成风格的？您的工作室命名为“长风玉舍”，有什么特殊含义？

赵：我自幼受河南中原文化熏陶，青年时只身来到苏州求师游学。在中原文化与江南文化南北两种不同文化的碰撞下，使我对中国玉文化的理解日渐精深，对玉雕技艺中的不同流派兼收并蓄，为我所用，渐渐形成了自己独有的艺术风格。这反映在作品上，就是把中原情结根植于内里，江南诗意饰于外表。其中把苏州擅长的俏色巧雕技艺，作为我求师游学的研修主课。感谢苏州的厚爱，让一位北方的游子在南方圆了夙愿，探索出了一条刚柔并济、匠心独运之路。为此，我曾制作有一方玉印章，上下两种颜色，下方的僵料部分设计成沙漠，上方是驼队在缓缓行进，步履坚定而有力。渴望自己能在苏州玉雕的传承路上，留下自己的印履。至于“长风玉舍”，有两层意思：一是“长风万里，入武门”，总结自己由北到南，在苏州落地生根的一段人生经历；二是“长风破浪终有时，直挂云帆济沧海”，抒发了自己对未来的期望及对初心的不忘。

葛洪

研究员级高级工艺美术师

德承洪范
——对话江苏省工艺美术大师葛洪

文／叶志明

叶：葛大师，您好。我们见面大多在研讨会或专家评审会上，说不上话。今天的访谈算是一次弥补。我与您的求学路相同，都有与苏州工艺美术学校擦肩而过的经历。那时，我因体检问题被限考，又因分数位列全省第二被破格录取，后由于种种原因而弃学。所以，凡逢与美校有关系的同仁，好像都是我的“校友”，倍感亲切。

葛：谢谢叶老师的理解。我出身于中医世家，自幼的梦想是当画家。记得那年考学，我以一分之差与苏州工艺美术学校失之交臂，阴差阳错地被分配到技校学习玉雕。所以，我与玉雕的关系，是宿命使然。技校毕业后，我被分配到苏州玉雕厂仿古车间，有缘见识到了北京、上海博物馆的许多藏品，让我领略了中国玉雕之美。我想，未竟的艺术家之梦也许可以通过玉雕这个载体来实现。正当我踌躇满志为梦想付诸行动的时候，遇上了企业体制改革，我别无选择，决定自己干。于是，命运再次将玉雕与我捆绑，不同的是，这次是我主动作为。

葛洪，1970年生，苏州人。研究员级高级工艺美术师、江苏省工艺美术大师、苏州市非物质文化遗产（苏州玉雕）代表性承传人。1987年进苏州玉雕厂，从事玉石雕刻及设计工作。2003年成立个人玉雕工作室，从事玉雕工作20多年。他主张雕和质（料）保持一种和谐的关系，不以质害雕饰，也不以雕饰害质，将先天的美质与后天的文饰结合起来。在传承创新上，主张『仿古仿形，师古师心』，倡导『有情感的作品』。2012年著作德承洪范由中国地质大学出版。现任中国珠宝玉石首饰行业协会理事、苏州市玉石雕刻行业协会副会长。

叶：今天看来，如果没有那时的企业体制改革，苏州就会缺少你们这拨玉雕艺术家，是时代的“命运之手”让你们与玉雕结了缘。请介绍一下您是如何“山重水复疑无路，柳暗花明又一村”的。

葛：其实当年我是雾里看花，全凭一颗勇敢的心，一双勤奋的手，借助玉雕来续篇自己未竟的艺术家之梦。一开始我将重点放在做山子上，因为山子对技术的要求非常全面，又能最大程度上体现苏州玉雕空、飘、细的特点，而且当时的市场上，小巧玲珑且讲究意境的苏州山子比扬州山子更受欢迎。当我的作品一进入市场，即受藏家喜爱，一时订单接二连三，凭我一己之力已无法应对。于是，我便招兵买马，形成了工作室的雏形。就这样在干中学、学中干，渐进有了现在的规模、品质及品牌。

叶：您是从山子起步的，且作品已形成了独特的风格，但后来怎么会对手把件情有独钟？山子和手把件两者的艺术含量和技术难度是否有可比性？

葛：大概2005年后，市场越来越追捧完美的原料，促使新疆和田籽料的价格成倍上涨。当我做好一件山子，再去买原料时，发现比我卖出去的成品还要贵了。面对这种畸形的局势，我考虑转型，尝试着更多地做手把件和牌子。但我从来没有放弃山子，山子和

《长乐无极·四神》

手把件在技艺上都以圆雕、浮雕、镂空雕等方式为主，但在两者间，我觉得手把件更具有挑战性，它能体现的文化内涵更深远。因为山子是摆件，而手把件天天让人攥在手里抚摸，对触感有更高的要求。有些人可能会觉得山子比较大，做得比较“满”，工艺上更难。但我认为有时候越简明的东西，难度反而越高。因为做手把件，施展技艺的“舞台”比山子小，逼迫着我必须用“凝练的语言”来表达，但要在方寸之地把深远的意境和丰富的内容表达清晰，这不是件容易的事，其难度远胜山子。

叶：对于“仿古仿形”向“师古师心”转化，您是如何具体践行的？反映在作品中有何独创性？

葛：这是个大课题，涵盖了中国传统文化。仅玉雕而言，我撰写了《仿古仿形，师古师心》《道可道，非恒道》《“子冈杯”是我工作生活的一部分》《市场的多元及创作价值观的多元》《葛洪玉雕艺术》等多篇论文，先后在《中国和田玉》《鉴宝》《苏州玉器》等权威报刊上进行了详述，在业内反响很大。我的作品就是追求传统与现代的一种融合。简单来说，形式是现代的，内容是传统的。如果要定义这种风格的话，我想可以把它称为“师古”。“师古”是相对“仿古”而言的，“仿古”是我创作的第一个阶段，在理念上以仿制和小幅度改良为主，基本上是按照传统的路子在走，它最大的好处是创作者可以借鉴大量的传统玉雕造型，但相对来说，个人发挥的空间就比较小了。“师古”则更注重对传统意境的追求。概括来讲，就是“仿古仿形，师古师心”。其实，我更强调“师古”，也是有自己的考量的。古的东西很好，但它好在哪里，这就需要我们用心去解读。不难看到，大多数艺术家的作品都在表达各自特定的民族魂和时代精神。做玉雕到今天，如果还是在单纯地复制古器，那是不是要告诉后人，我们这一代没有自己的思想？时代在前行，复制得再好，做出来也是没有灵魂的一个空壳而已。所以大约从 2006 年起，我的创作思路开始逐步从“仿古”进入“师古”的阶段。

叶：您从山子到手把件的转型，其实是市场对玉料的追捧倒逼所致。玉料这几年价格飞涨，对玉雕创作有何影响？

葛：这种现象在其他工艺门类中也是一样，譬如，古典明式家具、红木小件雕刻，甚至核雕，这些问题是市场经济决定的，我们只能从容应对。换言之，这也是一件好事，说明传统工艺在当代中国有着极高的地位。就玉雕而言，当代玉雕已不仅仅是传统文化的一部分，而是商业文化和传统文化的结合体。看重玉料，就是商业文化的体现。藏家一味追捧原料，也是商业收藏的特点。但同时，这对我们做玉的人来说也是一种无形的鞭策和压力：一方面原料稀缺，好原料价格不菲，我们雕玉会格外用心，最大限度地

《西风·烈》

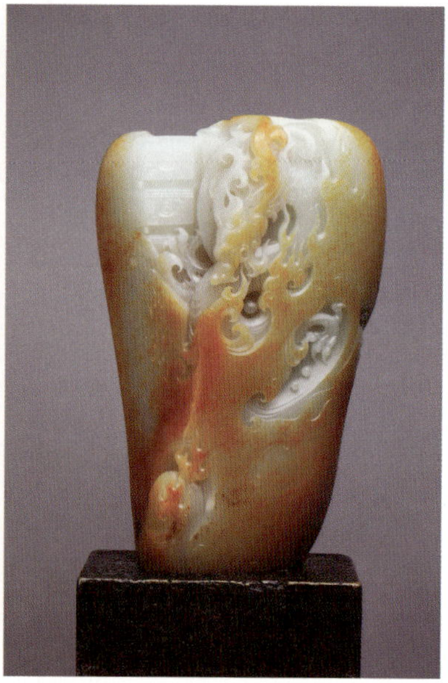

《天龙至尊》

追求工艺的完美，发挥更多的创意理念；另一方面，片面讲究玉的洁白无瑕，作品的个性化便会缺失。比如一块一半纯净无暇、一半带着黄色浆的材料，如果把浆去掉，做个牌子，是很容易的事。但如果我保留黄浆，利用它的特点做成巧色，难度很大，成功率低，而且即便做出来了，也肯定卖不过玉质上好的牌子。但我相信，以工为重，会是将来的一个趋势。用好原料做的牌子，我可以做上几乎一模一样的十几件，但“变废为宝”的玉雕具有唯一性。我相信市场会慢慢地进入到一个相对理智的状态。现在有不少成熟的藏家已经意识到这个问题了。

叶：在您的“艺术家梦”中，一直在被动与主动之间琢磨新的题材和类型，您为什么总是喜欢这种新尝试？

葛：当我决定以玉雕来演绎我的“艺术家梦”后，在传统技艺遭受前所未有的“商业文化”侵袭时，我从不焦虑，也不纠结，而是安之若素地与市场达成了“和解”。在命运和市场的共同推动下，我不仅在玉雕工艺上取得了不俗的造诣，还在商业上探索出了新路子。但无论何时，“艺术家梦”是我引擎，用时下话说，就是择一事，终一生。在成绩面前，我时常告诫自己，不能故步自封，把自己标签化、类型化。石涛说：笔墨当随时代。那我们作为当代中国玉雕的领军人物，理应不断去尝试新的类型，才能“青春永驻”，作品也才会更加多元。这个观点，从我近期的《西风·烈》《长乐无极·四神》《天龙至尊》等玉雕作品分获“子冈杯”金奖及天工奖金奖中得到了最好的诠释。

叶：在苏州工艺美术学会第六届理事会工作报告中，我知晓你专程为钱七虎、阮长耿两位中国院士设计了牌子，请介绍一下作品。

葛：既不是牌子，也不是奖牌，严格地说是两件玉质的勋章，叫“苏州科学家勋章”，是苏州科技界的最高荣誉。勋章于 2020 年 7 月 10 日在首届“苏州科学家日”活动中，由苏州市委书记向两位苏州科学家钱七虎、阮长耿院士颁发。勋章以和田玉青玉为基本材质，用玉璧的形式设计制作。玉璧是一种中央穿孔的扁平状圆形玉器，为我国传统玉礼器之一，也是“六瑞”之一，寓意吉祥，彰显礼遇。勋章正反两面，雕饰有苏州城门、城墙，有凤凰与芯片、星辰、乳钉纹等设计元素，不仅体现“一座城市的名义”，礼赞科学家对苏州的卓越贡献，而且弘扬新时代科学家精神，使之成为广大苏州科技工作者不懈奋斗的目标。对我来说，勋章的设计制作是我在传统与现代间完美结合的一次成功实验。同时，在“工匠”和“科学”之间，也应相融互鉴，因为传统工艺的每一次递进，都离不先进工具的支撑。所以，我们应该跟上时代步伐，在生产设备、生产环节及制作过程中也进行发展创新。

程磊

高级工艺美术师

江苏省工艺美术大师

传承古韵　雕琢时尚

——对话玉石雕刻大师程磊

文／吴建伟

吴：您是一位有责任感的玉雕艺术大师，且对玉雕文化有独特的见解，请您给我们详细谈谈。

程：谢谢您的评价！中华民族有着 8000 余年的玉文化史。因为它的久远、深邃、厚重，所以才显出它的无限神秘和深刻内涵。亘古以来，玉始终充当着巫神礼器，成为道德规范和权利的象征物。玉文化的艺术史可追溯到新石器时代。最早的动机是在原始的美感驱使下，将美丽无比的玉石制成饰物，佩挂身上。新石器晚期，特别是红山和良渚文化玉器，体现了材质的美感，饰纹抽象简练，艺术构思夸张且与图腾崇拜有密切关系。到了汉代，玉器采用了现实与夸张的创作手法，创作出一件件神奇瑰丽、洒脱奔放的新玉器，玉如凝脂，构图繁复，形神兼备，颇具浪漫主义色彩，显示了浓厚的生活气息和独特的时代风格。到了明清时期，随着生产力的进步和人们思想意识的解放，玉器的社会功能发生了很大的变化，出现了商品化趋势，冲破皇家贵族的垄断，向着世俗化、装饰化方向

《生如夏花》

发展，走进了民众的生活，达到了中国古代玉器艺术的顶峰。从某种意义上来讲，中华民族文化发展历史就是一部完整的由玉撰写的光辉历史。在这部长卷中，人们把玉的特性与人性紧密联系在一起。到了今天，中国当代玉雕工艺因地域条件、文化传承、经济活动等的不同，出现了鲜明的区域性：以大的流派来说，可分为南北两派，作为南派代表的苏工向来带着独有的雅致和吴文化的特质，在玉界备受关注。苏州独特的人文、山水养育了一代又一代的艺术人才，我们这些玉雕艺人能幸运地在这样一个大环境里成长，更有责任去传承和发扬玉文化，承载起振兴当代玉雕程磊，1971年生，苏州人。高级工艺美术师、江苏省工艺美术大师、苏州市非物质文化遗产项目（苏州玉雕）代表性传承人。1986年就读于苏州工艺美术学校玉雕专业，1989年进入苏州市玉石雕刻厂工作，师从张明玉学艺。从事玉雕事业30年，2001年开办了『润磊玉艺坊』工作室。作品融中国传统文化和西方美学于一体，简洁、淡雅，并具有江南水乡的风韵，多次获得中国玉石雕刻天工奖『子冈杯』金、银奖。现为苏州市玉石雕刻行业协会副会长。

艺术的重任，不是简单的复古或尚“古”、尚“雅”，而是要顺应民族性和时代性的社会节奏趋势，去体现多元化、个性化、人文化，去反映现实生活，与自然和谐共生、共鸣，指明艺术的“明道”“正身”。

吴：您的玉雕作品既古韵典雅又时尚新颖，请介绍一下您是怎样将“复古”与“创新”高度融合的？

程：我喜欢一些时尚的东西，因为这是时代的发展趋势，浓郁的东方古典文化和时尚的结合，这何尝不是创新？正如同穿着牛仔裤坐在明式红木家具上，品着茶文化，耳边听着周杰伦和费玉清合唱的《千里之外》——反差本身就是一种美，也是我一直在寻觅的。正是因为对时尚的热爱，2001年我开办了自己的工作室“润磊玉艺坊”。作为女性，我首先从美观实用出发，把美的东西带到玉雕佩饰中去，先后创作了一些寓意美好、取料精美、构图新颖大胆的作品。刚开始还不被人认可，一些拿货的客人觉得很奇怪，新不新、旧不旧的，可我觉得这在玉雕界是个空缺，我执意要走下去。当时好多开厂的玉雕家都在接单做仿古件（苏州玉雕是以仿古见长的），生意兴隆，而选择时尚的我，工作室只能勉强度日。不过，现在回想起来，正是那段艰难而安静的日子让我学到了不少东西，我在琢玉工艺上潜心研究，严格要求，从而形成了自己独有的风格。正是因为我的坚守，后来慢慢地开始有一些喜爱者慕名而来，尤其是上海人，可能是受海派文化的影响，还非我的作品不买。当时，我真是受宠若惊。于是我认定了这个方向，坚持走下去。其间，我不断地学习借鉴。陆子冈的“子冈牌”，通过透视、线条、层次的手段，在平面上产生立体空间。吴德生的巧雕蜗牛，黑白分明，生动富有情趣，人物的比例夸张但结构准确，层次分明。于泾的《净瓶观音》整体悠然飘逸却又不失法相庄严，其姿态不同于传统的“毕端毕正”，而是略带S形，线条优美流畅，使传统题材的作品有了现代的韵味，大胆演绎了现代人的审美理念。由于我对美的不断追求和独特嗅觉，一件件时尚感十足的作品从我的指间跳跃而出，如饰品《方手镯》取用吉祥传统图案，外形却大胆地做成直角，宽宽的手镯，正好符合现在国际首饰的潮流，又正好将白玉的质地完美地体现出来，一经出炉即订单不绝。又如菱形的《必定有福》，这款外形可能是没有人用在玉器上的，而我是带着尝试的心情创作了这一作品。题材十分传统，整面采用了古代的乳丁纹（这种纹饰大多用在玉璧上），中间却透雕了蝙蝠的纹饰，新旧结合，方中有圆，天圆地方，寓意滋润大地、福满人间，后又镶上了金扣，打破以往用绳子佩戴的方法，改用项链，古典又时尚。此作品完成后，效果也非常好。就这样，我的灵感源源不断，无论是外形的创新，还是题材的新旧结合，运用自如，先后还设计了《祝福》《一团和气》等，我乐此不疲。

吴：您是一位女性玉雕艺术家，请您从女性角度谈谈从事这个行当的感悟。

程：“上有天堂，下有苏杭”，苏州向来有“水天堂”之美誉。无水不苏州，柔软若水的城市气质养育了温婉的苏州女子，苏州姑娘好像生来就有一种灵气，这点与玉的温润是暗合的。我的作品往往被大家看作具有江南女性气质的代表，也许是因为我是苏州为

《蕙兰素馨》

数不多的女性玉雕师。在我身上大家都希望看到一名女子通过艺术作品来诠释对玉、对苏州情调的领悟。所以，我就索性做极度女性化的作品——金镶玉首饰。但并不是做成单纯的珠宝首饰，那样太过于浅薄，而是侧重玉雕的本体，以此角度为出发点进行探索，更进一步丰富工艺层次感、质感，同时赋予作品江南印象、中国记忆。我从 2016 年开始摸索金镶玉这一独特的传统工艺，一直思考着要怎样做，才能做到既保留原玉石的特点，又可以体现现代的时尚。我在设计中不拘一格，将玉雕与现代珠宝设计进行了大胆创新融合，创作出既包含现代审美，又有中国元素特色的玉雕作品。通过前期设计，后期边制作、边修改、边实践的方法，以“荷花”为主题制作完成了第一件金镶玉作品，一套6件，命名为《生如夏花》。主体的立体玉雕部分是一朵在盛夏尽情绽放的荷花，并且利用和田玉原有的金色玉皮，做了两只巧雕的蜻蜓，让它们轻轻地停在花瓣上。该作品整体利用金属镶嵌工艺，以金属做成花茎，镶嵌了两朵待放的玉荷苞。朵朵荷花清雅恬静，遥相呼应，各自安然，不争不抢。花瓣半展半合，好似微风轻拂，微雨绵绵。整件作品结合了一些巧色，更能突出视觉的美感。之后又以“玉兰花”为主题，完成了《蕙兰春晓》一套4件首饰。作品简约时尚，更兼具实用性，由于白玉和白玉兰色泽相和，白玉所做玉兰花质润、醇厚、素雅，给人以温婉安静的感觉。整件作品上的花瓣重叠之间富有层次，花朵有的圆实丰盈，有的单薄透亮，线面流畅，气韵生动。玉兰花两侧接黄金镶钻延饰，间嵌钻石花瓣数片，好似绿叶衬托。以乌金佩坠环形，古意盎然，玉兰与金钻相接，环环相扣，衔接自然，仿佛金玉缘合，富贵常得，美意实在。白玉琢兰，和风拂瓣，辉映成趣。尖端薄如蝉翼，透明光洁，磨之见丝润洁柔，形质依托自然，却经巧思简化造型，突出清雅脱俗的气质，也充分展示出白玉温润精致的素雅之美。后又设计完成了《玉叶传芳》《蕙兰素馨》《玉叶腾芳》《凤穿牡丹》《羽翼》《冰凌》等一系列作品，随着经验的不断积累，我的作品变得更富有现代的气息、更贴近生活。

吴：您是一位有情怀的艺术家，我非常欣赏您作品中透露出的自然美感，您是怎么做到的？

程：您过奖了！我的作品从不刻意地去诉说、去呐喊、去竭力表达，所以看上去都很简单。而我在创作过程中，也是带着闲适的、“玩”的心态去创作，不会强迫自己去刻意设计。或许是在无意间，目睹了小情小景，升起了某种情愫，酝酿成一种呼之欲出的感觉，最后就变成了一件作品，所以它的生成过程是比较自然的。我喜欢将我生活中看到的苏州精致的生活，如镂空花窗、丝竹琴弦、堂前归燕、春华秋实等加入我的作品中来，以小景衬托出沉容婉约、绕指柔的苏州气质。这些在我的《巧色乌龟》《姑苏图》《巧色喜楣如意摆件》《耄耋富贵》《隰华素心》《生如夏花》《蕙兰春晓》《玉叶传芳》等作品中都有体现。我也喜欢品茗，所以后来诞生出了《茶承》《水墨茶则》《墨玉茶合》这一类的作品。我追求的是一种生活美学，通过我的眼睛，用心灵去发现日常点滴中的美。从事玉雕工作30多年来，发现美、创造美、体现美一直是我的宗旨和信念，也是我此生不懈的追求。

吴：最后请您介绍一下曾经拜师学艺和如今带徒传艺情况，谢谢！

程：我于1986年9月就读于苏州工艺美术学校玉雕专业，1989年7月进入苏州市玉石雕刻厂工作，师从张明玉，以制作仿古、明清件为主。2001年8月，我创立了“润磊玉艺坊”玉雕工作室，订下了“守诺言、讲信誉、重信用”的企业标准，开始自己最擅长和热爱的玉石设计创作和雕刻。为了更好地将这个传统工艺传承下去，至今已收金东良、吴军、沈丽、杨三喜、李刚、陈霞、唐赟、顾逍遥等10多位徒弟，对他们工作中遇到的问题进行耐心辅导，生活中的困难也尽自己最大努力帮助解决，教导他们做这个行业，首先要热爱自己的工作，爱岗敬业，努力学习，在不断学习中提高自身的素养和技艺水平。只有提高了自身的能力，才会对每一件作品有更深层次的认知，才能以更多元化的表现方法，创作出有文化内涵和艺术水准的作品。同时，我对学习始终没有放松，特别是在2019年获得正高级职称后，我珍惜每一次由行业协会、学会组织的各类学习进修活动，它们能让我接触到更多平时不太能轻易学到的东西，提高了我的个人素养、专业知识水平，拓宽了我的思路，所以，我非常感谢工艺美术行业协会对我的帮助。

宋卫东 省级非遗（明式家具制作技艺）代表性传承人

为『苏作』添一抹时代亮色

——对话省级非遗代表性传承人宋卫东

文／叶正亭

叶：最近您创作的《家具的符号》这件作品蜚声大江南北，请说说其基本特点和您的基本思路。

宋：2014 年 12 月，苏州要办个体现“苏作”之美的展览，但收到的参展作品体量都较小，主办方和我商量，希望有一件较大的、复合型的作品来镇展，我就开始考虑这件作品。《家具的符号》并不是一件完整的、实用型的红木家具作品，而是由一个“不完全”的柜子和一只“不完全”的圈椅组合起来的，是一件解剖式、欣赏型的木作作品。所谓“不完全”，因为柜子反面少了一个角，又因为圈椅只有三条腿，仿佛都是被切掉了一块似的。采用解剖形式，为的是能把“苏作”红木家具的各个方面呈现给观众。这件作品既是首创，又是原创。所谓“各个方面”，包括了材料、榫卯、雕花、生漆工艺以及中国传统雕花图案的寓意等。

第一是材料，作品选用黄花梨、小叶紫檀、大红酸枝、大叶紫檀、缅甸鸡翅木、老挝花枝、缅甸花梨、金丝楠木等十几种名贵红木材料。第二是榫卯和线条，这是“苏作”明清家具的灵魂。这件作品采用了锲钉榫、夹头榫、粽角榫、插肩榫、双夹榫、窜销等。出现的传统线条有指甲圆、滚圆、阳线、阴线、冰盘檐、单肚、凹线等。第三是雕花，形式多样化，有浅雕、深雕、立体雕、丝翎檀雕、圆雕、浮雕等，其中大多是传统手法，也有近十年间新诞生的雕刻手法——丝翎檀雕。这主要用于雕刻鸟的羽毛部分，雕好的鸟完全打磨后，用细如发丝的刻刀雕刻，表现鸟羽的质感与光感。从不同的角度观看，鸟羽会闪光，达到了刺绣般的丝光效果。整件作品的雕花题材涉及园林、风景、山水、花鸟，以及松、竹、梅、龙凤、牡丹、蝙蝠、寿桃、石榴、灵芝、佛手、如意、鲤鱼等几十种传统题材，尽显中国传统吉祥图案之寓意和博古内容。柜子的 4 只脚分别采用老虎、马蹄、回纹、洋花 4 种形式，包括紧贴柜子脚的牙板上的雕花也各不相同。第四是生漆工艺，整件作品采用了传统的揩漆工艺、硬打磨工艺和打蜡、烫蜡等工艺。《家具的符号》，用解剖形式，让观众清晰地看到家具连接榫卯的各个点，让更多人从一件作品对苏作红木文化有更深刻而全面的了解，从而理解传统工艺的文化内涵和无穷魅力。这件作品一问世就引起了同行的关注，在多次的展览中也好评如潮。2015 年 7 月，在第五届“姑苏杯”创意苏作家具展出中，这件作品荣获最佳创意奖。现已被苏州非遗馆选中，将永久收藏展出。

叶：苏作家具是中国明清家具的三大流派之一，您对苏作家具有怎样的认识？

宋：中国明清家具有三大流派：苏作、京作、广作。它们各有千秋，各具特色。京指北京，广指广东，苏是指以苏州为核心的周边地区，包括常熟、太仓、无锡、南通、青浦等。苏作家具代表着中国的明代家具，从某种意义上讲，“苏式＝苏作＝明式”，可以说，明式家具是以苏式家具为标准的。在古代，苏州达官贵人、文人雅士众多，如同苏州园林一样，苏作家具是立意高远的文化人士与心灵手巧的能工巧匠共同创作的结果、集体智慧的结晶。苏作宋卫东，1971年生，苏州人，高级工艺美术师、江苏省工艺美术大师。师从省级非遗明式家具制作技艺代表性传承人许家千。15岁开始学习家具和制作家装，1992年进红木雕刻厂，1996年独立创办苏福红木工艺厂，并得到了苏作明式家具行家张明生的精心指导。当今在师傅许家千的悉心指导下，技艺突飞猛进。代表作品有家具的符号、明式六角官帽椅·交趾黄檀、冰竹纹围屏宝座、新明茶室二式流梳件套、新明式流梳五组合博古架、高束腰五足香几等，多次参展并获得金奖。2020年被认定为江苏省非物质文化遗产项目（明式家具制作）代表性传承人。

家具总体来说，简洁素雅，格调大方，线条流畅，圆浑柔润，尺寸合度，真是“增一分嫌长，减一分则短”，看着、用着都非常舒服。选用材料有黄花梨、紫檀、鸡翅木，也有榉木、瘿木、榨榛木等，重在体现木质的自然美。地处江南的苏州，优质木材来之不易，工匠们惜木如金，巧妙利用，有些拼接、连接，不差分毫，令人赞叹。总之，苏作家具给人的感受是整体之美，体现的是神韵之美，扑面的是文化之美。

至于京作家具，造型大气、款式华丽、纹饰繁缛，汇聚艺术精华，尽显皇者之风；广式家具，由于地域位置，受西风影响，以雕刻见长，注重镶嵌，大理石、螺钿居多，也有镶嵌云石、金属、象牙、琥珀等。

叶：您对苏作明清家具见识广、理解深，请说说您的理解。

宋：也许是爱屋及乌的缘故，就我个人见到的苏作明清家具，可以说是件件优秀，无与伦比。椅类，有一款六角坐面官帽椅，一般坐面是正方形的，而它是六角形的；两侧扶手和后背，有六根柱子，圆梗、瓜楞，每根料上下粗细都不同，都有一定弧度。经典的明式家具，每根柱子看似均衡，其实都是上细下粗，这样看着更舒适。官帽椅后背看似平板一块，实质是有弧度的，侧面看是一个

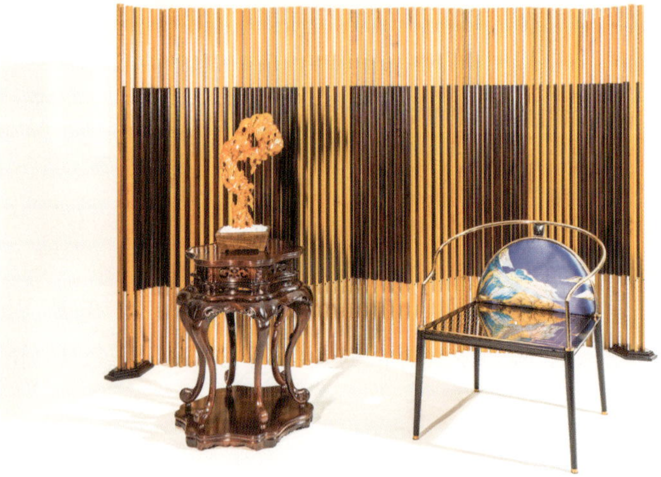

《泊隐万象》

“S”形，用现代语言来讲，符合人体生理特征，所以坐着也特别舒适。这款六角椅，工艺水平相当之高，仿制很难，目前已很难见到了。

凡柱，上细下粗；凡柜，上小下大。这是苏作明式家具的一个重要特征。从审美角度，它符合人们平视的审美需求。因此，它可以说是一个不变的定律。

苏作明清家具之柜类，最典型的就是“大小头柜”，由于柜体较高，如果上下一般粗，看着就会让人觉得压抑、沉重。而一经“大小头”处理，看着就轻巧、灵动。所以，任何隽永都一定深藏着真理。有一款储物的面条柜，高 185 厘米，宽 98 厘米。它也是“大小头”处理的经典之作，同时，它还利用圆角线条重心靠内的原理，门打开后，会自动慢慢闭合，由此可见明代苏作工匠们内心是多么细腻与精致。

叶：您是省级明式家具制作技艺第五批代表性传承人，请您说说学艺过程。

宋：我 1971 年出生，15 岁学艺，先做了两年“大木作”——造房子中的木工活，后做了两年“小木作”——古建中的木工活，再吃两年“百家饭”——在大户人家做配套家具及家装。学艺 6 年后开始接触红木。1992 年，进红木雕刻厂，开料、设计、木工、雕刻、上漆、验收，每个环节我都干过，每个车间我都待过。从工人到总监，一路走来，我熟悉了红木家具制作的整个生产流程。1996 年，开办苏福红木工艺厂，悉心研究明清家具文化，也不断得到高人指点与帮助。其中，苏州王天井巷师傅的后人张明生，对我有过重要启迪与帮助。目前他本人不做家具，而是制琴弓的大师，但他深谙苏作明清家具制作奥秘。许多关键之点，如果靠个人摸索、揣摩，可能需要几十年。而张明生大师对我的许多点拨，让我少走了不少弯路。目前我师从省级非遗明式家具制作技艺代表性传承人许家千先生，他是该项目省级第四批代表性传承人。

叶：国家建立非遗传承人制度，是希望传统文化技艺能够传承，您在这方面所做的工作是什么？

宋：我办工厂、做研究、出产品、带徒弟，我觉得是兼而为之。传承是一种文化自觉。2015 年苏福红木工艺厂有从业员工 120 人左右，其中有高级职称 2 人、中级职称 8 人、初级职称 12 人。我每年都带徒 5 至 8 人。我的多名弟子制作的作品，在全国展览及省、市级评奖中也屡次获得各项大奖。我的弟子张平海，目前在丹阳开办红木家具厂。弟子张前进，自主创业，企业也办得好。他们都不忘初心，守住技艺，把家具文化进行到底。

叶：非遗传承人当以作品说话。您从制作“苏作”一路走来，作品得奖无数，说说您最得意的作品，只能说一件。

宋：这些年来，各级、各界给苏福红木工艺厂鼓励不少。《冲天灵芝

《冰竹纹围屏宝座》

太师椅》《异形博古架》《六角坐面官帽椅》《扇面官帽椅》等获得全国大奖，《云幅纹书橱》《故宫博古橱》《藤秀纹圆桌六件套》《冰竹纹围屏宝座》《鹿角椅》等获省级大奖。我没有最得意作品，套用一句现代流行语，“没有最好，只有更好”。但有一件作品，创作之难，创新之难，令我难忘，是 2013 年创制的《冰竹纹围屏宝座》。宝座是明式坐具中的一种，较宽硕，坐面长 108 厘米，宽 60 厘米。整件作品之坐面、背板、两边侧板，加上踏板，共有 5 个平面。外框选用了大红酸枝，而所有平面是由 999 块瘿木拼合而成的。瘿木是红木树材在生长过程中形成的树瘤，红木品种不同，色泽不同，它所结成的瘿木便也色泽不同。900 多块小型瘿木，每块仅豆腐干大小，大小不同、形状不同、色泽不同，拼合起来，似龟背又美于龟背，产生出令人叹为观止的效果。但要将这么小的树瘤板拼合起来，每一块都做了设计，都有榫头，其制作的难度，现在回想起来都心有戚戚。它充分体现了苏作家具的精细之美，也可以称是精算之美、精工之美。《冰竹纹围屏宝座》在省级苏作红木家具评比中一举夺得金奖。

叶：作为非遗传承人，继承是当然的，创新又体现在哪里？

宋：我一直走在传承与创新一体化的路上。首先，借助现代干燥设备对材料的处理。从前做红木家具，三年前开的料，要三年后才能生产，现在可以采用真空干燥、微波干燥和煮蜡技术等，使红木板材在常温下不收缩、不变形，湿度高时不胀裂。其次，根据现代人需要，对传统家具做了功能改进，比如书桌，现在人们都用电脑了，书桌下就设计了专门的柜子；又比如隐形茶台的设计等。再次，多种文化艺术元素的嵌入，如刺绣、书画、瓷板画、大理石、铜饰件等，使得传统家具更丰富、更具活力。最后，软硬的搭配。传统红木家具是硬货，用一些布艺垫子，让家具柔软起来、温馨起来。

叶：谈谈您对苏作明清家具的走向预测及展望。

宋：目前红木家具业发展太快，商业性炒作太多，导致产业过剩，产品质量参差不齐，原材料叫法及价格也比较乱；传统原材料资源匮乏，价格急剧上升；操作工人稀缺，工资太高；各地跟风，盲目投资红木行业，在一缺文化、二缺工艺情况下仓促上马，导致产品库存积压，于是采用打折销售、清仓销售等低劣手法，严重损害了苏作红木家具的名望。

苏作明清家具是一种体现历史文化、承载优秀传统的重要载体，从事这项事业的每一个企业、每一名员工，当有敬畏之心、文化之情，认认真真地做好每一件作品，把好每一道环节，我们这代人要无愧于“苏作传人”这个称号，努力为“苏作”添一抹时代亮色！

王福珠

中国民间文艺家协会会员

夫妻双双投身于砚海

——对话助理工艺美术师王福珠

文/怀念

怀：请说说您的从艺起点、转折。

王：我 24 岁师从许永良，开始从事雕刻，自与许永良成家后，夫妻双双投身于砚海。从事雕刻数十年如一日，默默地耕耘，追求作品精致完美，造物有灵且美。

怀：请您谈谈师承关系。

王：我的师承关系较简单，师傅是我的丈夫许永良。

怀：请您谈谈从事艺种的历史及在苏州的发展。

王：著名景区灵岩山，有“灵岩秀绝冠江南”的美誉。苏州的巙村石砚，就出产于该地。巙村之名最早见于东汉赵晔《吴越春秋》。东晋王子年《拾遗记》：“吴郡有砚石山。”北宋苏州人朱长文《吴郡图经续记》：“砚石山，在吴县西二十一里，山西有石鼓，亦名石鼓山……有巙村，其山出石，可以为砚，盖砚石之名不虚也。”明袁宏道在《灵岩记》中发出感叹：“……山下有石可为砚，其色深紫，佳者殆不减歙、溪。”

清唐秉钧《文房肆考》云："苏州府灵岩山㠛村石，亦可作砚，有淡青、鳝黄二色……"苏州的㠛村石砚，肌理滋润细腻，色泽典雅古朴，具有"活石"之灵感，"灵石"之神韵。苏作的㠛村石雕刻，风格清秀隽永，高雅脱俗。其工艺以细腻见长，并以这种独特的优势巩固了㠛村石砚在砚林中的地位，开创了吴门砚雕之"苏派"艺术。因此，苏作㠛村石砚雕，是另外一种艺术，它省去了抢眼的外表，以文人的秀气取而代之；它不需要故作深沉的立意，然而无论是色泽、触感、肌理或雕刻，都惊人地符合现代审美要求。苏作砚雕以其极尽巧工、极具韵味的艺术语言，来诠释巧夺天工这个词的真正含义。清代最权威的宫廷砚谱《西清砚谱》，正册收录了宋代㠛村石砚五方，每一方都有乾隆皇帝的铭文。其中卷十四宋代㠛村石凤池砚铭为："龙宾休说㠛村无，犹此晨星一二俱。漫诩外庭希见也，空知内府久藏乎。"在收录较全的日本《东京精华砚谱》上说，产于苏州的㠛村石砚，是中国最美的砚台。苏州的㠛村石雕刻，从开采制砚发展到如今，从曾濒临灭绝到曾轰轰烈烈地开拓发展；从曾单一的正方形、长方形、椭圆形等仿古砚，发展成为形状各异、式样繁多的花砚；从简单的线刻、纹饰、浅浮雕，发展到采用高浮雕、镂空雕等多种形式的艺术花砚。现在你能看到的不单有石制壶，还有多种多样的摆件存在。现在很多的作品，追求的已不单是实用，而是装饰观赏，是以意境内涵取胜的艺术品。所有这些，都是很多石刻艺人承前启后、继承发扬、不懈努力的结果。苏州的㠛村石雕刻，得到了空前发展。

怀：请谈谈您对从事工艺的传承、发展、创新以及主要业绩与贡献。

王：一位收藏家说："苏州铸剑有干将和莫邪，做砚有永良和福珠，真的是珠联璧合。"我说："跟永良做雕刻几十年，我们只有苦劳啊！"他还特意为我们设计了一枚印章，叫作"永福良珠"。从 1994 年开始到现在，我们主要从事石雕艺术，有近 30 年了。1994 年，丈夫许永良成立石雕工作室后，我随他共同培养了王福珠，苏州人。1971年出生于苏州市吴中区木渎镇南竹坞村。中国民间文艺家协会会员、助理工艺美术师。24岁师从许永良，学习石砚雕刻，后同许永良结为夫妻，一起从事砚雕艺术。2009年，与许永良合作雕刻的知足砚在中国南京文化创意产业交易会·江苏『艺博杯』工艺美术精品展获金奖；2010年，石雕作品科甲及第获银奖；2014年，作品牧牛砚在中国徐州民间工艺博览会获金奖等。

江苏、湖南、安徽、江西等省的石雕工作者几十人；2009 年，我协助许永良雕刻完成了苏州小王山摩崖石刻字的修复工作；2010 年，协助许永良雕刻完成了苏州宁邦寺钟鼓楼的摩崖石刻；2014 年，协助许永良雕刻完成了苏州穹窿山孙武文化园的摩崖石刻。

怀：请问您的获奖作品及代表作有哪些？

王：2000 年，我制作的雕刻摆件《家》在第二届中国工艺美术大师精品展获铜奖；石雕《石榴壶》获优秀奖。2009 年，与许永良合作雕刻的《知足砚》在中国南京文化创意产业交易会·江苏“艺博杯”工艺美术精品展获金奖。2010 年，砖雕《麒麟尚书》获“艺博杯”工艺美术精品大奖赛优秀奖；石雕《科甲及第》获银奖。2014 年雕刻的《孔子教学鼎》在苏州市工艺美术新人新作精品展获金奖；同年，作品《双凤砚》收藏于张家港博物馆，《牧牛砚》在中国徐州民间工艺博览会获金奖。

怀：请问您有哪些职称及荣誉？

王：我是中国民间文艺家协会会员、助理工艺美术师。

《大爱砚》

怀：请谈谈您撰写的论文。

王：2015 年 12 月，我与许永良合作论文《中国手工艺类非物质文化遗产现状及对策——以苏州㠉村石雕制作工艺为例》荣获由江苏省民间文艺家协会主办的第十一届江苏省（野马渡）民间文艺青年论坛优秀论文奖。

邹英姿

研究员级高级工艺美术师

惊艳国内外的『滴滴绣』

——对话中国工艺美术大师邹英姿

文／叶正亭

叶：邹老师，请说说您的从艺之路。

邹：我是土生土长的苏州镇湖人。镇湖是苏绣之乡，家家有绣绷，人人善刺绣，刺绣既是乡亲们傍身的手艺，也是大家生活中的一部分。我的母亲叫惠淑珍，在镇湖也是位小有名气的绣娘，20世纪80年代中期，她还和我阿姨卢菊英合伙开了吴县新桥刺绣工艺厂。我6岁时开始随母亲学习刺绣传统技艺，在母亲的绣绷前帮着穿针引线，有时也向外婆和村上的阿姨、阿姐们学习。我就在这种潜移默化的熏陶中学习刺绣。我以绣花卉居多，难度大一点的就是绣百子图。那时候村里的小朋友之间也会“斗刺绣”，相互比较谁绣得更好。记得小学五年级的时候，有一次吴县组织各校学生展示才艺，老师问我会什么才艺，我说我会刺绣。于是我绣了一幅自己构图的梅花，没想到还得了奖。那次得奖是我整个小学时期获得过的最大荣誉，到现在回想起来心里也乐滋滋的。从学校毕业后，我就开始走上职业绣娘的道路了。当时母亲的刺邬英姿，1972年出生，苏州人。研究员级高级工艺美术师、中国工艺美术大师。6岁开始随母亲学习刺绣，后师从苏绣艺术家王祖识，深研刺绣技艺。经多年潜心研修传统刺绣技法，博采众长，锐意创新，融绘画、摄影、雕塑等艺术形式于刺绣作品中，形成了独具个性的刺绣艺术风格。自创的『滴滴绣』技法获国家专利，拥有近百项刺绣创作版权，『英姿绣』『滴滴绣』和『英姿劈针绣』为国家注册商标品牌。代表性作品有敦煌系列作品、问鼎、缠绕、冬至、我的家等。作品色空不二被中国国家博物馆收藏、凉州瑞像图被敦煌研究院收藏、姑苏人家·醉花荫被中国工艺美术大师博物馆收藏等。2018年被评为中国工艺美术大师。

绣工厂和苏州刺绣研究所有合作，承接一些外单。有时候，刺绣研究所的老师也会到各个发单点上来指导，同时带来一些刺绣资料。我当时无意间看到一本江苏省工艺美术学会编的《苏绣精粹》一书，看到任嘒閒大师的作品构图精美、技法纯熟，我就央求父母亲想办法让我拜任先生为师，深度学习刺绣。父母亲虽然多次央请，但都被任先生婉言谢绝了。这次拜师“碰壁”对刚刚走出校门的我打击很大，我把自己锁进房间里大哭了一场。后来通过亲戚的介绍，我到了苏州小吕宋商店当临时营业员。做营业员不到两个月，我发现自己并不适合这份工作，母亲也一再要求我回去做刺绣，于是我就辞掉了这份工作。回家后我提出的条件是要继续找老师学习。母亲很爽快地答应了，并托人到苏州城里去，请求当时最有名的几位刺绣大师收我为徒，最后是王祖识先生同意招收我。

第一次跟王老师学习时，王老师给我一个旧绷架，让我直接来绣《蒙娜丽莎》。当时我懵了，但还是接受了。那段日子里，我白天在王老师手下学刺绣，晚上到外面找老师学素描、学绘画。王祖识先生是唯一获得“国际和平奖”的中国刺绣艺术大师，也是江苏省非遗苏绣项目代表性传承人。王老师谦逊低调，桃李满园，我始终记得老师的教诲，绣品就是人品，每一针都要恭恭敬敬。

《孔子六艺·书》

为了报答恩师，我们弟子们筹备了将近一年，在苏州丝绸博物馆举办“芬芳桃李·王祖识先生刺绣艺术师生展”，通过这个展览展现先生对刺绣事业传承和发展做出的巨大贡献。

叶：“滴滴绣”是您的一张名片，请简单介绍一下这套针法的创作。

邹：1997年，我跟随王老师学习苏绣技艺。2000年，我回到镇湖开了一家绣品店，开始了自己的创作之旅。开头几年，以国画大师的作品为蓝本，试绣了不少作品，记得有一幅苍鹰展翅的《鹏程万里》居然卖到2800元，心里那个开心啊！2006年，我以富有苏州特色元素的古城墙、瓦当、砖雕为题材，创作了一组《我的家》；以春日清晨树林里藤木相绕的场景为题材，创作了一组《缠绕》，先后获得了国家级展会的金奖。这两组原创作品的获奖，让我尝到了创新的甜头，也激发了我的创作热情。说起“滴滴绣”，最早萌发于2008年夏日的一个午后，我在工作室小憩的时候。妈妈美丽而勤劳的身影出现在我的脑海里——她低着头，左手捏着一叠布料，右手拿着针线，中指上戴着一枚顶针，眯着眼睛，很用力地一针一针顶破层层布料，聚精会神地纳着一只鞋底。我想起小时候，每当过年母亲都会给我做一双新的布鞋，用的是传统的纳针，针脚短且细集。我试着把母亲纳鞋底的针法灵活改造，运用到刺绣作品中，希望用短针脚的布线改变长针脚的排线。开始时效果并不如意，连续试绣了一个月后终于摸到了规律。由于针脚短，避免了丝线本身对光的折射，解决了刺绣作品光影变化不定的问题。绣面上的炫光消失了，再通过运用不同色线混合镶色，画面变得温和而内敛，这正是我想要的艺术效果。我就把这种针法命名为“滴滴针法”，取“滴水之恩，涌泉相报”之意，表达对母亲的感恩。滴滴针法克服了传统技法的不足，大大拓宽了刺绣的表现题材，尤其适合表现素描、水墨画、壁画、彩塑等，绣出的作品富有通透的立体之感，使刺绣艺术的表达更丰富、更饱满。2011年9月，滴滴针法获得了国家专利局颁发的专利证，实现了苏州刺绣发明专利“零”的突破。

叶：请问后来“滴滴绣”是如何发展的？

邹：此后，我将目光投向了祖国的西部，投向了敦煌。2011年以来，每年我都要到敦煌进行如同朝圣一样的旅行。观摩了莫高窟、东千佛洞、西千佛洞和榆林窟等多个洞窟，认真观察了不同时期的壁画和造像，再用我自己的感受，用独创的滴滴绣技法创作了《鸣沙山印象》《问佛》《佛像系列》《敦煌莫高窟第四十五窟系列》《色空不二》《白衣菩萨》等作品，还用不同的技法绣制了很多幅敦煌造像和壁画作品，并多次参加全国性的展览，均获得了好评。其中《色空不二》被中国国家博物馆收藏，《问佛》被苏州工艺美术博物馆收藏。2015年，我在学习和梳理中国历代刺绣的过程中，苏州收藏家王福先生借给我一本珍贵的《西域美术》画册。我在里面看到了斯坦因从敦煌莫高窟掠走的唐代刺绣《灵鹫山说法图》(《凉州瑞像图》),粗线条的表现、针法独特、旋转的方式令我惊叹不已，让我不由得产生了想要动手绣它的强烈愿望——我要用我的针线一点一点地“把它绣回来”。《凉州瑞像图》这幅刺绣作品，高 2.4 米，宽 1.61 米，原作的创作年代约在隋末到初唐时期，题材与当时流行的佛像壁画和雕塑相仿。我所用针法和表现方式与当今流行的刺绣技法大不相同。我借江苏省文化交流代表团出访的机会，去大英博物馆参观，到了伦敦之后才知道这是一件不对外公开展出的藏品，心里十分郁闷沮丧。回国后我立刻给大英博物馆写信申请展出观摩，一次被拒就再次申请，终于得到回复说这件作品要在美国洛杉矶盖蒂博物馆特别展出，听到消息我喜出望外。第一时间买了去美国的机票，不巧的是那段时间我在生病，家人朋友劝我缓几天再出发，但我依旧拖着病体飞到了洛杉矶。第二天博物馆门一开，我飞快冲了进去，终于看到了魂牵梦绕的《凉州瑞像图》。连续几天，我每一分每一秒都站在这件绣品前，研究它的神奇之处。由于展品不允许拍照，我拿着放大镜，恨不得把画面的每一个细节都记在本子上，塞进脑海里。就这样，足足看了一个星期。回到苏州之后，我就开始上绷，找材料，根据记忆还原这件绣品。第一，在复绣的过程中，我先克服了针法，复原了失传千年的“劈针绣”。第二是绣线处理，通过反反复复的颜色比对，我选定了百余套色系的丝线，再将不同颜色的丝线捻在一起，使之成为一根单线，再绣制在绢上。第三是底料问题，在王福老师相助下，我将能够承受高强度拉力的绢作为底料，解决了一针下去还没用力拉，绢就开了一道口子的问题。通过这次复绣，我学到了不少知识，领悟到学习与传承的乐趣，更让我突破了对材料与认知的局限，突破了固有的审美思维。在这 4 年当中，我一次次地探索这件唐代刺绣独特的技法和表现方式，挖掘出了当年流行、现已失传的刺绣技法，发现了一些刺绣技法的源流，查阅了上百份文献，也撰写了相关的学术报告。后来还带着这幅巨大的绣品去向常沙娜先生、冯骥才先生、赵丰先生、马德先生和日本奈良国立博物馆的内藤荣先生请教，也曾将作品送到敦煌研究院，请研究院的专家们指导。现在，耗时4年多、刺绣300余万针、按照原1∶1比例复绣敦煌莫高窟流失在英国大英博物馆的唐代刺绣《凉州瑞像图》绣制完成，得到了专家和学者们的一致好评，作品现被敦煌研究院收藏。

叶：您具体在传承、创新方面有哪些成就？

邹：在传承方面，我历年来亲授徒弟达100余人，如外地弟子有李银凤，高级工艺美术师、山东省工艺美术大师、潍坊刺绣市级非遗代表性传承人；何杨，四川省民间艺术优秀传承人；杨淑君，湖北武汉青年手作艺术家，以及吾力叶提·吾甫尔、阿不力木·里提甫、哈斯耶提·大毛拉和阿娜尔古丽·吾尤普等近60名广州大学新疆班弟子。苏州当地的有姚卫娟、方英、陈华芬，三人均被评为高级工艺美术师；顾雪青、王美红二人被评为江苏省乡土人才“三带”新秀培养对象；郁喜平被评为苏州市十佳刺绣新人等。在创新方面，比如在“吴丝汉韵”这一系列作品中，有一幅2010年绣的《孔子六艺·书》，当时我在探索如何用滴滴绣来表现古拙奔放、厚重沧桑的汉代画像砖雕刻。在绣《楼兰残片》时，我用传统针法打底，以滴滴绣针法绣制字体，这样的结合就把破旧的绢素、灵动的笔意和浓淡枯润的墨迹创造性地结合起来，很逼真，也很精彩。我常说一句话：“人生如绣，绣如我心。”刺绣对我来说，一方面是谋生的手艺，但另一方面更是一种人生的修行。“佛造像”系列中，《敦煌菩萨像》这幅作品，我前后总共花了9年时间，佛像全身是以滴滴绣针法绣制的，背景是传统的乱针绣技法。这幅作品展出后广受好评，丝线的柔和特质所带来的视觉感受，相比泥塑石雕，更能凸显佛门慈爱温和与悲悯博大的内心情怀。《冬至》是一件富有苏味儿的原创性作品。苏州人家的老墙壁也是我最初的记忆，印象里，儿时的我常去马山郁舍外婆家小住。外婆家在当时算是大户人家了，房子有好几进，阳光

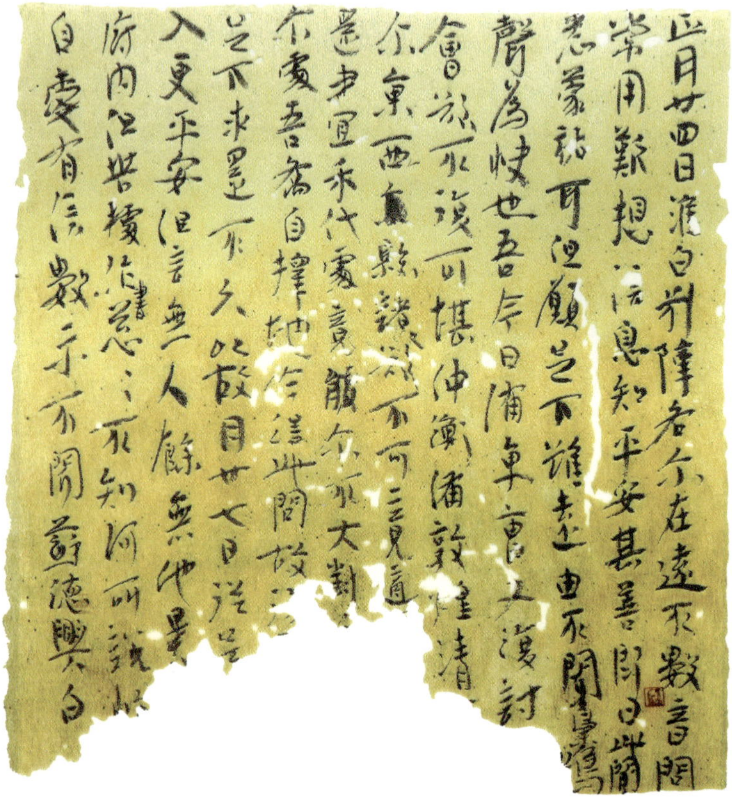

《楼兰残片》

透过长窗洒入屋内的画面，到现在还留在我的脑海里。完成《冬至》这件作品初稿后，我觉得画面还不够生动，于是在墙脊上增加了一只小猫。这批滴滴绣的作品质感淳朴、气息稳重、效果传神，这也给我树立了信心。

叶：您获得过哪些荣誉和奖项？

邹：我的作品获"天工艺苑·百花杯"等国家级和国际博览会金奖 17 项、银奖 9 项、铜奖多项。2002 年，作品《八十七神仙卷》在第四届中国（国家级）工艺美术大师精品博览会获"中国工艺美术传统艺术金奖"。2010 年，原创作品《花旦》在第十一届中国工艺美术大师作品暨国际艺术精品博览会"天工艺苑·百花杯"中国工艺美术精品展上获金奖。2011 年，原创作品《麦积山壁画》系列在第十二届中国工艺美术大师作品暨国际艺术精品博览会"天工艺苑·百花杯"中国工艺美术精品展上获金奖。2016 年，由马聪设计、我绣制的双面绣组合台屏《似水·流连》在第 51 届全国工艺品交易会上获"金凤凰"创新产品设计大奖赛金奖。2017 年，刺绣《敦煌协侍菩萨像》参加由中国工艺美术协会、中国文化产业协会主办的 2017 中国（苏州）"苏艺杯"国际工艺美术精品博览会，荣获金奖。2019 年，由马聪设计、我绣制的系列组合屏风《窗影流光》获第十五届中国深圳国际文化产业博览交易会金奖等。

叶：您对未来创作的设定是什么？

邹：我觉得，作为一名刺绣从业者，向历史、向古人学习是一条必经之路。刺绣既是传统的，也是现代的，从生活中来又回到生活中去。在这条追求艺术的道路上，我深刻地体会到古人对信仰的虔诚和对艺术的尊重。我们的祖先曾经创造过许许多多光辉灿烂的艺术瑰宝，这是我们应当继承和发扬的宝贵遗产。传统文化需要回头看，看看我们的不足，看看前人树立的标杆。只有学到了前人的精髓才有资格说发展，没有扎实的功底，创新就只会是空谈。没有传承，就是无本之木、无源之水。向古人学习，向传统致敬，这正是我孜孜以求的目标和方向。

叶：最后请您谈谈对苏绣未来的展望。

邹：刺绣源自生活，它存在于人们的日常用品上，美化了生活。作为

《冬至》

独立的艺术品，它也装点、愉悦并丰富了人们的精神生活。它与生活共生，也必将回归于生活。苏绣艺术又不同于其他艺术形式，它常表现为精致的、巧妙的、创造性的作品，这也是中国刺绣的精到之处。生活中，艺术家是通过对美的理解，对生活做出概括和反映的，使生活中的美得到最大限度的提升和发挥，形成了独特的美感。

做刺绣，也是在讲述中国故事，如何讲好这个故事，就需要静下心来，找到刺绣的初心，把它绣出来。这个初心是为了让人们得到温暖，让人们的生活增加美感，让人们获得更多的幸福感。多年来，在党和政府的关心和帮助下，苏绣得到了很好的发展环境，绣娘们的水平达到了很高的水准，随着新时代的发展，苏绣将会迎来百花盛开的又一个春天。

俞挺

省级非遗（苏州玉雕）代表性传承人

工整秀雅

——对话省级非遗苏州玉雕代表性传承人俞挺

文／龚平

龚：俞老师好！请谈谈您30多年的玉雕生涯。

俞：我出生于“工艺之乡”东渚，1987年，我开始学习玉雕技艺，当时才15虚岁；2000年，我创办了自己的玉雕工作室——钰轩玉艺工作室。

龚：请介绍下您的师承关系。

俞：我开始学习玉雕技艺，是拜表哥金永忠为师的。1989年，又拜上海玉雕名家严嘉德为师，学习仿古玉雕技法。我自己是1990年就开始带徒弟的，先带了府华青，后来又带了赵玉方、李春林、府明、郁建青、刘厚岩等，到现在已经带出了40多名玉雕艺人。

龚：您可以被称为当代玉雕器皿创作最具代表性人物之一。您是学艺一开始就做器皿件的吗？

俞：开始我是以雕小件动物、小佩饰为主的，但我喜欢有创意和挑战性，想要超越自己。于是，我从1995年起正式转型做器皿件，潜心研究，大胆俞挺，1973年生，苏州东渚人。研究员级高级工艺美术师、江苏省工艺美术大师。1987年师从表哥金永忠学艺，后又拜上海玉雕名家严嘉德为师，学习仿古玉雕技法，2000年创办钰轩玉艺工作室。从艺30多年，擅长玉雕器皿创作，代表作品有碧玉天官双耳炉、薄胎团花对碗、薄胎洋花琵琶瓶和大汉风韵等，分别获得历届中国玉雕石雕作品天工奖金奖。作品有『工整秀雅』之美称。2014年被认定为江苏省非物质文化遗产项目（苏州玉雕）代表性传承人。

创新，把瓷器和青铜器等器皿的造型运用到玉器上，加以改进，逐步形成了自己独特的艺术风格，做出了富有特色的玉雕精品。大家用四个字来评价我的作品——“工整秀雅”。因为这是我在长期的玉雕实践中逐步熟谙中国传统器形与现代器形之道，从而能够在创作中既大胆而又严谨，游刃有余。我的玉雕器皿器形端庄典雅，胎体均薄，神韵别具，彰显了鲜明个性的设计与创作风格，充分体现苏州玉雕工艺精、细、雅、巧的特点。

龚：30多年的玉雕生涯中，玉雕给您带来了什么？

俞：我刚开始做玉雕时，没有现在这么顺利和安全。那时，因玉雕机都是土制的，在操作过程中，磕磕碰碰划几条口子这种事是家常便饭。记得最严重的一次是手里的玉石没拿稳从玉雕机上飞出来砸到了我的脸，从此我就没有了两颗大门牙。这事应该是印象最深的，但我没有放弃，玉雕带给我更多的是创作的成功和快乐。

龚：您的获奖作品很多，请简单介绍一下吧！

俞：我首次在国家级精品博览会上获奖是2006年。这以后各种奖项得了80多项，光金奖就有40多项。比如我的碧玉《薄胎双耳瓶》、碧玉《天官双耳炉》《薄胎加冠炉》、碧玉《薄胎团花对碗》《薄

碧玉《薄胎加冠炉》

胎洋花琵琶瓶》《薄胎迎春宝相花纹瓶》和《大汉风韵》，分别获得历届中国玉雕石雕作品天工奖金奖。2010 年以来，共参加了 11 届“艺博杯”江苏省工艺美术精品大奖赛，我的碧玉《盖碗》、碧玉《十件套对碗》、碧玉《薄胎茶壶》、碧玉《石瓢壶》《莲花纹宝瓶》《薄胎花樽》、碧玉《花觚》、玉雕《天官赐福炉》《大吉宝瓶》等共拿了 8 个金奖。我的作品还多次荣获中国（苏州）“子冈杯”玉石雕精品博览会金奖：碧玉《薄胎双耳瓶》是首届金奖、碧玉《薄胎香炉》是第二届金奖、碧玉《薄胎花草纹瓶》是第四届金奖，青玉《薄胎花卉纹瓶》是第五届金奖，碧玉《薄胎洋花琵琶瓶》是第六届金奖，《花插》是第七届金奖，《薄胎迎春宝相花纹瓶》是第八届金奖，《朝官炉》是第九届金奖，《薄胎大吉祥宝瓶》是第十届金奖，《天禄尊》是第十二届金奖。

龚：您还有一些作品被国内外博物馆、艺术馆收藏，请简述一下。

俞：2017 年，我的作品《玉茶壶》被大英博物馆收藏。2018 年，青玉《四方来仪尊》被苏州博物馆收藏。2019 年，《青玉尊》被中国美术馆收藏。我没有主动地去做什么宣传，能让更多的国际友人看到我们当代玉雕的发展和风貌是我的初衷，这也是我们手艺人应该肩负起的责任。我们当代艺人应该走出去，让世界了解中国工匠，同时，我们也能吸收和借鉴国外的优秀艺术和创作灵感，这是一件非常棒的事情。

龚：请谈谈您所得到的荣誉。

俞：我是研究员级高级工艺美术师。2007 年，被评为第二届苏州市民间工艺家。2011 年，被评为第五届江苏省工艺美术大师。2014 年，被认定为江苏省非物质文化遗产项目（苏州玉雕）代表性传承人。

龚：结合玉雕实践，您也发表过一些论文来阐述您的一些观点吧！

俞：我有《浅析玉雕炉瓶制作技法的运用》《谈玉雕器皿的设计与制作》《物华天宝 · 美物器皿》《苏作玉器的传承与创新》等论文，发表在江苏省工艺美术学会“艺博网”和苏州工艺美术学会《姑苏工艺美术》等刊物，《浅析玉雕炉瓶制作技法的运用》还获得省传统工艺美术产业传承创新与发展提升课题研究评比三等奖。在中国的艺术品之中，无不贯穿着吉祥、美好、善意、和谐、教化、崇拜等元素，这些元素一直被延续着、弘扬着，成为基因，至今不变，以后也不会变。所以，我在作品的设计与制作过程中

《天禄尊》

一直注重将这些文化符号融入其中。尤其在玉器器皿的创作中，我注重传统与现代的结合，将传统的文化元素用符合现代审美的手法来诠释其意义。我对瓷器情有独钟，各种瓷器的造型是我创作的来源之一。我萃取其精华部分，将之融入玉器器皿的创作中，结合具有吉祥寓意的精美花纹设计来装饰器物本身，使之既有传统的韵味，亦有现代设计的美感。我在创新作品时注重“工”和“艺”的表达：“工”就是要做到细致周到，一丝不苟，每一根线条都要做到淋漓尽致，绝不拖泥带水，用最朴实的匠心来雕琢；“艺”也就是意境，每一个或每一组花纹都有寓意，做到用巧妙的方式或形式来表达我的思想和对美好事物的向往。立足传统、彰显时代精神特征，一直是我的创作本意和思想理念。

李晓青

研究员级高级工艺美术师

我与核雕同发展

——对话江苏省工艺美术名人李晓青

文／龚平

龚：晓青老师好！您从艺 27 年，说简单也简单，就是两字：核雕。说不简单也不简单，您从核雕里走出了自己的精彩人生。

李：是的。1994 年 7 月，我从光福中学高中毕业后就师从陈明方老师，学习橄榄核雕工艺。跟师 3 年，接受了比较系统、严格的培训，逐步掌握了人物、花鸟等题材的创作技巧。1997 年 7 月，我成立了青春核雕工作室，直到现在。从艺 27 年，核雕一直伴随着我。从学艺之初感觉这门民间传统手工艺好玩、新奇，到亲身体验后爱上这门技艺，开始 10 年是坚守，再到 2008 年“光福核雕”被公布为国家级非遗代表性项目后，我与核雕项目一起走过发展提升之路。

龚：请谈谈您的师承关系。

李：我的老师是陈明方。他在 1973 年进入舟山工艺厂后，先后跟师顾福兴、须吟笙学艺。须吟笙师承“光福核雕”祖师殷根福。因此，我的技

《花篮》摆件局部

《莲年有余》

艺可以说是这一脉嫡传。至今我已经带了60多名徒弟。部分徒弟已成为工艺美术师，得到业界人士的一致肯定。我收学员的原则是：一要洞悉学员是否有这方面的灵性，二要根据自己的精力控制学员的数量。2013年4月，我被上海新侨职业技术学院聘请为客座教授，每周前往授课，全年36次；我还被苏州太湖国家旅游度假区中心小学聘为“核雕进校园”核雕文化传承高级顾问；被吴中区舟山实验小学特聘为“核雕社团导师”，我的作品《舟山核雕》也连续被编入学校校本教材。

龚：请谈谈您的核雕特色是什么？

李晓青，1973年生，苏州人。研究员级高级工艺美术师、江苏省工艺美术名人。1994年，师从陈明方学习核雕技艺，1997年成立青春核雕工作室，至今从艺27年。代表作品有和谐盛世、富贵中华、十八罗汉手串、花篮、苏州园林等，撰写论文谈舟山核雕的长远发展、谈核雕艺术品的定位、谈核雕艺术的传承与保护等，先后发表在江苏省工艺美术学会艺博网。

李：从艺 27 年来，我比较全面地掌握了核雕作品从创意、设计到制作的全部工艺流程，并且能够融其他艺术门类精华于核雕创作之中。我是这样总结自己技艺特征的：一是充分运用浮雕、圆雕、透雕等多种技法来表现人物鸟兽、民间故事、山水园林等主题，秉承苏作传统工艺精、细、雅、洁的鲜明风格，坚持在创作中精益求精，把每一个细节都做到最好，同时，讲究刻刀的应用，灵活使用 20 多把刀具，比如雕刻人物眼睛，就要应用 5 把以上的刀具，力求使作品“绝不拖泥带水”；二是既传承核雕经典，也着力作品出新。罗汉头手串、核舟等是光福核雕的传统经典作品。我在努力学习前辈精湛技艺、做好这些传统作品的基础上，努力在创作题材、雕刻技法等方面推陈出新，创造出人们喜爱的核雕新形式；三是吸收地域文化、凸显姑苏风情，我在创作中注重结合园林、水巷等地域文化符号，使作品蕴含地域文化气息，将“苏作”标示阐释清晰，让更多的人理解苏州，并逐步喜欢光福核雕。

龚：那我就更想了解您的代表作和获奖作品了。

李：2010 年，我的作品《双面十八罗汉》《佛手》双双荣获第八届中国工艺美术博览会“中艺杯”金奖。《张飞醉酒》荣获

《四大美女》

银奖。同年,《十八罗汉手串》荣获中国工艺美术精品展览会金奖。2011年,《荣华富贵》荣获江苏省工艺美术精品大奖赛"艺博杯"银奖,《布衣尊者》荣获"天工艺苑·百花杯"优秀奖。2012年,《和谐盛世,富贵中华》《花篮》分别荣获中国(苏州)工艺美术·丝绸艺术大展暨首届"苏艺杯"金奖和最佳工艺奖。同年,《苏州园林》荣获江苏省工艺美术精品大奖赛"艺博杯"金奖。2013年,《伊人》荣获江苏省工艺美术新人新作成果展金奖。2014年,《百年好合》荣获第三届东方工艺美术之都博览会金奖。2015年,《莲年有余》荣获江苏省工艺美术精品大奖赛"艺博杯"金奖,并在第十六届中国工艺美术大师作品暨国际精品博览会上荣获中国工艺美术精品奖

“百花杯”银奖。2017 年，《八仙》荣获中国（苏州）国际工艺美术精品博览会“苏艺杯”银奖。2018 年，《钟馗手串》荣获江苏·舟山核雕精品奖“艺博杯”银奖。2019 年，《挂坠汉龙凤》荣获中国（苏州）国际工艺美术精品博览会“苏艺杯”银奖。我还有一些作品被博物馆、美术馆收藏。2015 年，《单面罗汉》被苏州核雕艺术馆收藏。2016 年，《和谐盛世，富贵中华》被苏州市文化广电新闻出版局收藏。2017 年，《花篮》被苏州工艺美术博物馆收藏。

龚：从艺 27 年，您一定得到了不少荣誉。

李：我是正高级工艺美术师。2013 年 10 月，被授予“苏州民间工艺家”称号。2013 年 12 月，被认定为吴中区非物质文化遗产光福核雕项目代表性传承人。2016 年 12 月，被授予“江苏省工艺美术名人”称号。我也是苏州市核雕艺术家协会常务副会长和舟山核雕行业协会副会长。

龚：您撰写了多篇论文，发表在“艺博网”上，请介绍一下。

李：2014 年以来，我先后在江苏省工艺美术学会“艺博网”《论文发布》栏目发表了《谈舟山核雕的长远发展》《谈核雕艺术品的定位》《也谈橄榄核雕》《论核雕双面十八罗汉的制作工艺》《浅析判断核雕的优劣》《如何认定核雕艺术的价值与价格》《也谈核雕艺术的传承与保护》等多篇论文和文章。27 年的核雕生涯，我始终坚信并遵循：谦恭做人方能妙刀精品，诚信待客始终彰显生机。因此，竞争中淘汰不良作品而利于优品产生，博弈间改变经营作风而完善自身品质。精品是存世之本，真诚乃待客之道。作品的优劣，市场是最敏感的测试。要做到这几点，艺人的品德和艺德是主要因素。

陈红英

江苏省工艺美术大师

刻苦钻研　勇于创新

——对话江苏省工艺美术大师陈红英

文／崔冰

崔：您从事制作苏绣多少年了？

陈：我 6 岁开始接触刺绣，8 岁时在姐姐的教导下，慢慢迷上了苏绣艺术，距今已经有 40 多年了。

崔：请您介绍一下您的刺绣作品是如何登上“神舟九号”的？

陈：2018 年，当得知我的作品有机会登上“神舟九号”时，我心里真的非常激动。这幅《双鹿图》苏绣作品是我根据著名画家刘奎龄的作品创作而成。“神舟九号”发射前，全国共有 100 多幅艺术作品竞争“飞天”的名额，因此在初次选送作品时，我挑了自己最拿手的山水和动物题材刺绣作品各一幅寄到北京。而这幅《双鹿图》因为针法难度最大、绣制时间最长，当时还尚未完工。两幅作品只能二选一，我当时做足了准备。但是在作品寄出后没多久，却得知由于“神舟九号”飞船内的空间有限，那两幅刺绣作品已经装裱，无法折叠或卷起来存

《斑点波斯猫》

《长毛波斯猫》

放，因此将无缘"神舟九号"。得知这个消息后，我并没有放弃，和工作室里的绣娘们加班加点，将另一幅《双鹿图》赶制了出来。这一次，我吸取之前的经验，直接将未经装裱的刺绣作品寄到了北京，并最终通过了专家们的评审，顺利登上了"神舟九号"。当时为了让《双鹿图》更加栩栩如生，在创作时我采用了乱针绣、平针绣等多种针法，并运用了数百种颜色的丝线，使得动物的线条更加和顺自然。

崔：请您谈谈学习传承苏绣的经历。

陈：我在成年之后，一直不满足于做一名手艺人，而是立志做一名"守艺人"，为了进一步提升技艺，我拜著名刺绣艺术家王祖识陈红英，1973年生，苏州镇湖人。江苏省工艺美术大师、苏州市民间工艺家。自幼喜爱苏绣，师从苏绣大师王祖识，系统地学习苏绣技艺，在刺绣技艺上狠下功夫，刻苦钻研，勇于创新，大胆实践，在继承传统细平绣、乱针绣、虚实乱针绣等技法的基础上，为刺绣艺术注入时代元素，形成了自己独特的刺绣艺术风格。作品屡获金奖，并在国内外美术馆展览。

为师。同时，还得到了中国工艺美术大师任嘒閒、蒋雪英和王文瑛等各位老师的指点。在继承传统细平绣、乱针绣、虚实乱针绣等技法上，我下了苦功夫，反复研究各位大师的经典作品。从20世纪90年代末以来，我连续创作出《金丝猴》《国画山水》《毛主席肖像》《黄山云海》《清明上河图》《十骏图》《富春山居图》等作品，先后获得了中国工艺美术刺绣大奖赛金奖、中国工艺美术大师作品暨国际艺术精品博览会金奖、"艺博杯"金奖等荣誉。

崔：能简单介绍一下您为毛主席纪念堂绣制的毛主席肖像吗？

陈：2009年，我接到了一项为毛主席纪念堂绣制毛主席肖像的光荣任务。当时，凭着对领袖的敬仰，我没有收一分钱的报酬，奋战多月，最后将精湛的作品交到了中央办公厅毛主席纪念堂管理局手中。我之所以无偿绣制毛主席肖像，是为了表现我作为一名江南绣女对毛主席的深厚感情。这件苏绣肖像作品被国家永久性收藏，现陈列在毛主席纪念堂。

崔：您的代表作有哪些？

陈：我的作品题材广泛，人物、动物、山水、风景、静物等方面都

《姑苏繁华图》局部

有涉猎，代表性的人物绣有《毛主席像》《徐悲鸿像》《椅中圣母》等，动物绣有《长毛猫》《十骏图》《写生珍禽图》等，山水绣有《姑苏繁华图》《宋画山水》等，风景绣有《黄河》《松树林之晨》等，静物绣有《翡翠炉》《丁香花》等。

崔：可以简单谈谈您获得的一些荣誉吗?

陈：2011 年，我获得由苏州市人才办、宣传部、人社局、文广新局、工艺美术学会授予的“第三届苏州市民间工艺家”称号。2012 年，获得由苏州市高新区授予的第三批非物质文化遗产代表性传承人称号。2016 年，江苏省人民政府授予我江苏省工艺美术大师称号。2019 年，由中共苏州市委授予“优秀党务工作者”称号。2020 年，由中共苏州市委授予苏州市优秀基层党组织带头人称号。

崔：作为镇湖刺绣协会党支部书记，您在传承苏绣技艺方面有什么举措?

陈：自2016年，我开始担任镇湖刺绣协会党支部书记，我感觉到了自己肩上沉甸甸的责任，开始研究如何发掘优秀乡土人才，促进刺绣产业的转型升级和长远发展。一方面，我以支部品牌建设为抓手，带领刺绣协会党支部成员建设“神工巧手绣红旗”党建品牌，设置刺绣技艺先锋岗、服务刺绣文明岗，带领支部党员通过“一个党员一片爱心”“一个支部一团火焰”等做法，积极吸收苏绣青年人才，乡土人才培育初显成效。另一方面，我积极探索党支部结对共建，加强支部间沟通交流。通过组建非遗党建联盟，开设红色匠心大讲堂、联盟支部共绣红旗等活动，加强与检察院、学校的互联互建，以支部为平台，为苏绣传承和发展融合更多资源和力量。我还带领支委班子入绣庄、下基层、访绣娘，把新思想和党的政策部署宣传贯彻到每一名绣娘党员。通过这些活动，切实增强刺绣协会党支部的凝聚力和战斗力，加强了其在绣娘群体中的影响力。

崔：您认为苏绣在未来发展过程中要注重哪些策略?

陈：在当前竞争激烈的社会环境中，外来绣种、机器刺绣大量涌入市场，其成本远远低于手工苏绣，在市场上拥有价格优势，对传统苏绣形成了一定的冲击。对政府而言，需要加大力度做好苏绣的普及教育工作，让大众了解苏绣的精髓；行业协会需要搭建多种平台，为绣娘增加获得适合自身刺绣风格的绣稿的机会，帮助解决绣稿版权的问题；我们这些绣娘们必须矢志不渝地传承工匠精神，坚守传统苏绣的艺术特色；苏绣大师们要坚定不移地以大师工作室为单位，培养新生代的绣娘梯队，营造一个提高苏绣综合技艺的环境，打造合理的人才梯队，这些都是苏绣未来可持续发展的关键。

马洪伟 省级非遗（苏州玉雕）代表性传承人

青铜化玉

——对话省级非遗苏州玉雕代表性传承人马洪伟

文／叶志明

叶：您作为苏州玉雕非遗代表性传人，师承何人？您是如何去履职的？

马：我的师傅并不是所谓的“名家”，但师承关系是一脉相承的。第一代是谢仁保（已故），他是江苏省丹徒人，擅长玉雕仿古杂件，在苏中地区享有盛誉，作品曾获1972年轻工部百花奖二等奖，其高徒有陈林、李钰明等。第二代是李钰明，吴县东渚人，随师傅谢仁保习艺25年，主修仿古玉雕技艺，其徒弟有我及吴建波、陈国强、陆云康、杨红颜等。第三代是我，1991年我初中毕业后即入师傅李钰明门下，初学玉雕技艺，后专攻仿青铜器玉雕。2000年后，我注册成立“玉韵春秋”工作室，并培育了一批徒弟，如沈春明、钱其春、蒋建叶、蒋婷婷、钱忠贤、王振北、陆根元、金建东、陆长兴、马政委、李美芬、许莲芳、徐建新、吴明、蔡美敏、裘丹、徐荷艳、蔡娟等。几十年来，我由徒成师，深深地体会到师承传统的生成，有特殊的社会基础。那时，我们光福人的职业是相对固定的，而马洪伟，1975年生，苏州光福人。研究员级高级工艺美术师、江苏省工艺美术名人。从事玉雕专业20余年，借鉴古人之艺术，推陈出新，走出独具个性的发展之路，树立了玉雕青铜器系列雕刻艺术的典范。代表作品《象尊荣》获中国民间文艺最高奖『山花奖』。作品由中国地质博物馆、中国美术馆、中国园林博物馆、北京颐和园等国家机构收藏，英国大英博物馆两度收藏其作品。2016年在北京举办『青铜化玉·汲古融今』特展，同年由北京五洲传播出版社出版《青铜化玉·汲古融今》专著。2020年被认定为第五批江苏省非物质文化遗产（苏州玉雕）代表性传承人。

且还是代际传递的。如果一个家庭，在可预见的几十年乃至上百年里，只有一种“饭碗”可端，那么他们就会特别珍视这一“饭碗”，会想方设法把它做到极致。现在，尽管时代一直在呼唤工匠精神，但在商品化的环境下，师承关系变了形，往往重其名而不重艺，名师带徒成了“走秀场”。2020年11月，我由市级苏州玉雕代表性传承人晋升为省级苏州玉雕代表性传承人，使我更坚信在一些倚重感性判断的行业中，比如评弹、中医、古建等，名副其实、名正言顺的师承关系，其核心竞争力仍是永远无法复制、无法替代的。就如“苏作”品牌，其遗传基因就是从艺人必须要尊敬和热爱自己的职业。用孔子的话说，就是“敬事而信”。对玉雕而言，尤其如此。玉雕的特性决定了其根系的重要性，不可能突然冒出来一种流派风格。

叶：记得20多年前，在“香雪海”旁的原光福蜜饯厂内，在老旧石槽、石缸、石盆和成堆玉矿石间，我见到了您。尽管那片刻记忆很是遥远，但那时您与那片空间似乎有着穿透力，让我感觉，您将会在那里破茧而出，成为艺术家。

马：谢谢叶老师关心，我一路走来，您是“玉韵春秋”成长的见证人。那时，我租借在老厂，远离嘈杂纷乱的环境，把自己置身于世俗

《四羊方尊》

《长信宫灯》

之外，希望能够心无旁骛地捕捉到初心的脉动，把心中的景象从世间提取出来。于是，我决定以仿古青铜造型的玉器题材为主攻方向。用玉来演绎青铜器文化，并在古人的艺术构思、工艺特点、技法运用等前提下，推陈出新，不唯一、不唯古，也不一味求新，将青铜器的粗犷狞厉和玉雕温润儒雅的气质有机结合，做到“仿古而不泥古”，用现代手法演绎青铜文化，使古韵与现代审美交相辉映。可以说，在“香雪海”旁的老厂内，让我明确了“青铜青玉”的发展方向，为我筹建“玉韵春秋”夯实了基础。一路过来，我执意留存了百件作品，逐渐形成了兵器、酒器、食器、水器、乐器、杂器 6 个系列，独辟蹊径走出了一条别样风格的琢玉之路，成了苏州工艺又一道亮丽的风景线。2015 年，我的作品《四羊方尊》入选第四次“中国·中东欧国家领导人峰会”。2016

年，《盥缶》《象尊》《长信宫灯》等作品亮相台湾；同年，中国园林博物馆举办“青铜化玉 · 汲古融今”特展。2017 年，玉雕《虎食人卣》等作品入展法国里昂第二届中法文化论坛、日本九州第五届九州中日友好交流大会。2018 年，北京颐和园举办“青铜化玉 ·汲古融今——马洪伟玉雕艺术特展”。2020 年后，我的一系列作品入展中国文联“文艺之家展厅”、江南文化艺术节“苏作文创峰会”、中国国际进口博览会“苏作馆”……

叶：您确定“青铜青玉”发展的风向标，是因何原因？

马：选择“青铜青玉”作为我的玉雕之路，事出有因，缘起“中国”一词。1963 年，陕西发现了一件叫“何尊”的青铜器，虽失去了最初夺目的光泽，但器物上 122 字的铭文中，有“宅兹中国”几字，从而解开了埋藏了千年的谜底。这是关于“中国”一词最早的文字记载。这些祖先写的铭文，像是写给数千年后的人的信，更像是布置给我的作业。“中国”一词从地理中心、政治中心派生出文化中心的含义，继而又被赋予了王朝统治正统性的意义。尽管历史演进，朝代更替，但“中国”一词存留至今，光耀世界。同样，中国的玉与中国文明的发生、发展也有着密不可分的关系，可谓渊源深远。我国考古学者最新研究考证并提出了中国在石器和青铜器、铁器时代之间存在着一个玉器时代，是中国文明的起源时代。奔着“青铜中国”“玉器时代”这大课题，我发现了无限的创作空间。10 年间，我在白玉、青玉间的反复试样及甄别，在肯定与否定之间最终渐成了现在这个形式，并由此衍化了系列文创。

叶：10 多年前，在资金十分窘困的情况下，你固执地把工作室一半的面积用于自己的艺术馆，并耗资百万，是否为一时冲动？

马：不是冲动，当时是苏州玉雕发展的黄金时期，大多同行离开家乡，去城区投资门店。但我是逆向行动，决定放弃轻松攒钱的大好机会，选择留守家乡，筹建自己的工坊及“玉韵春秋”艺

《象尊》

《子乍弄鸟尊》

术馆。因为我坚信，一个艺匠除了他的技术属性，还有一个文化属性，那就是玉文化的根和魂。所以，我借用青铜与青玉两种元素，来传达一种中国传统理念、审美情趣。并通过筹建艺术馆，规避商业化的诱导，让自己静心研学，记录好“青铜青玉”的创作心路，等候某一天能携作品与世界对话。

叶：您的作品入展美术馆、入藏博物馆，对您来说意味着什么？

马：作品进入美术馆、博物馆或国展，其实是所有艺人的梦想。梦想有一天，在一个特殊的环境、氛围、空间中实现自己的价值。2015 年，北京颐和园管理处授权我仿制颐和园馆藏文物“西周栅方鼎”；同年，在江苏省工艺美术馆举办“玉韵春秋——马洪伟玉雕艺术精品展”。2016 年，在中国园林博物馆举办的“青铜化玉·汲古融今”特展；同年，在北京颐和园举办“青铜化玉·汲古融今——马洪伟玉雕艺术特展”，其间举办“马洪伟青玉雕刻青铜器系列艺术研讨会”，得到了权威专家指点及高度认可。2017 年，青玉《角》由大英博物馆永久收藏，并陈列于大英博物馆 Alleyne 玉器馆内。2018 年，作品《仿西周棚方鼎玉雕》由北京颐和园永久收藏；同年，作品《母子匜》《守护》《象尊》由中国地质博物馆收藏。2019 年，继作品《角》后，《双羊尊》再次被大英博物馆收藏；同年，作品《鬶》被中国美术馆收藏。每次携作品站在国内外艺术殿堂中，面对世界各国的媒体时，我都百感交集。这一系列活动，对我来说，被认可或成名并不重要，我在乎的是曾经的孤独守望有了一种前因后果，这让我对“初心与使命”有了深挚的笃信。

叶：您是我主持民艺工作时，调研光福时认识的。后来我荐举您分管协会工作，您以身作则，在 2014 年不负众望，一举摘取国家大奖，成为业内领军人物。为此我很感谢您！

马：谢谢叶老师，我不敢当。您是圈内公认的金牌导师，您主持民艺工作以来，斩获了 14 项“山花奖”，列全国县市之首。记得那年，您经过调研论证，决定将我列入第十二届“山花奖”的种子选手，在选题、选材、策划特展方案，甚至给作品命名、宣传等方面均事必躬亲。今天谈起，还是感慨万千。2015 年，《象尊》荣获“山花奖”，是我人生及艺术的转折点。之后，我的作品屡次获奖，进入了一个井喷时期。其中囊括了市、省、国家文联系统民艺最高奖；夺得了国家天工奖金奖、“子冈杯”金奖、“苏艺杯”金奖等等。至今合计获金、银奖达 50 项。2018 年 2 月，我担任了江苏省宝石学会玉雕技术与艺术专业委员会主任，我将把管理吴中民文协会的经验——“吴中模式 + 吴中经验 = 吴中样本”（2019 年《中国艺术报》专题报道）的样本范例传播出去，携手擦亮“苏作”这块品牌，闪耀新时代。

陆小琴

研究员级高级工艺美术师

天工巧运　文心为核

——陆小琴核雕艺术创新访谈录

文／叶志明

叶：核雕深厚的文脉是否可以这样理解——核雕肇始于文人？

陆：中国古代把玩的艺术，自然与达官显贵、豪门士绅和文人雅士有关。一件原本无用的器物、一种本来平常的物件，经他们提升点拨，便在赏玩摩挲中身价百倍。一时间，人们相习成风，这些器物、物件竟成时尚风标而风靡朝野，自然也就成了各色人显示身份地位的宠物。譬如，袁宏道、张岱、李渔、高濂、文震亨等一拨文人，对物的叙述非常喜欢用一种语调，告诉你怎么样来对待物是雅的，怎么样是不宜的，这其实是在倡导一种生活美学。在16世纪中期到17世纪初的几十年间，生活指南书籍的出版形成一个高潮，数量达到了三四百种。其中明代的苏州人崇尚的核雕，成了李日华《六研斋笔记·核舟记》和魏学洢《茅檐集·核舟记》中的素材，点出了王毅创立的“核舟”之“苏州样”，既为同行们拓宽了视野，又成为明清

《新核舟记》

以来之楷模。在之后的不同时期里，一些手艺精湛的雕刻家亦纷纷效仿、承继，相继创作出了许多题材各异的核雕佳品，使苏州核雕成了那个年代风雅生活的指南。

叶：何谓核雕？核雕中南北风格有何鲜明的特征？说起核雕，为何总是以“核舟”为代表？

陆：核雕是在水果核或果壳上进行雕饰的一种古老民间技艺，分北工、南工两大流派。在隶属国家级非遗项目中，北工在山东省潍坊市、辽宁省大连市，南工在江苏省苏州市、广东省增城区。在获“山花奖”数量上，北工的桃核雕有 2 次，而南工的橄榄雕有 4 次，且都在苏州。我是 2013 年“山花奖”的得主。北工陆小琴，1976年生，苏州人。研究员级高级工艺美术师、江苏省工艺美术大师、江苏省『333』高层次人才、江苏省中青年德艺双馨文艺工作者。在继承和发扬传统的基础上，艺随时代，创作出了一大批符合时代审美的核雕作品。作品分别荣膺中国、江苏省和苏州市文联民艺系列最高奖，以及国家人口文化奖一等奖、紫金文创奖、中国工艺『百花奖』『苏艺杯』等国家级金奖20余项。现任中国核雕专业委员会副主任、苏州吴中区民间文艺家协会副主席、吴中吴地核雕专委会主任。

通俗，是工情的代表，受百姓亲近，更接近生活，也更容易为人们所理解，题材偏重于道家文化；南工文雅，是工理的代表，受士大夫追捧，题材偏重于佛教文化。从材料上看，北为核桃壳类，亦称果壳类；南为果核类雕刻，主要在桃、杏、枣、橄榄、杨梅等果核上雕刻。归纳为一句话，就是“北情趣，南理趣”，但它们代表性符号都是“核舟”。“核舟”，相当于中国文人的“流动画室”。一叶扁舟，泛泛江湖。船是非常舒服的一种交通工具，在船上可以进行各种各样的活动，读书、会客等。于是，人们着意将心灵活动的场所也搬到水上舟中，塑造出了“书画船”的特殊符号。譬如，苏轼《赤壁赋》中“泛舟游于赤壁之下”“相与枕藉乎舟中，不知东方之既白”就是典型的“书画船”。而“核舟”缘起大苏（苏轼）。从明、清、民国至新中国，“大苏核舟”成了核雕经久不衰的符号。因为当核雕遇上大苏，立刻会呈现“一叶扁舟之摇摇荡荡，飘飘乎遗世而独立”的景象，告诉我们如何在困境中去破解，学大苏去乘风破浪。

叶：在当代艺术全球化的进程中，核雕作为一种微雕的重要艺术形式，正逐渐从原有的体系中脱离出来，成为艺术家表达艺术观念的一种创作手段或者媒介途径。您作为中国核雕界的后起之

《美丽中国·好人故事》

秀，在传统民间手艺与城市化、全球境遇与中国故事、人文关怀与时尚潮流之间是如何在共生互动中去践行的？几次转型作品的获奖，对核雕的全新格局有何影响？

陆：对作品的几次转型，我会认真总结的。一是在内容上，由神到人：传统核雕最早是为宗教服务的，但在今天，其形态的发展必须转化为以满足人们日益增长的美好生活需求为目的，其本体的价值必须以适应时代的发展为要素。因此，去宗教化、去程式化、去脸谱化，是我创新的课题。二是在形式上，由饰件到饰品："饰件"在古玩术语中，亦称"把玩件"，又称"手玩件""手把件"等，指能握在手里触摸和欣赏的雕刻小件，其特征是可以随身佩带。而饰品兼有"饰件"的功能，又有室内陈设的功能。鲁迅先生曾对其的概念进行界定，专指过去那些有几间幽雅书斋的士大夫“清玩”的物品——他们心闲时摩挲赏鉴之物。历史上的核雕均以饰件形式为主。经过多年探索，我把饰件与饰品两者合一，并将核雕与木作融合、木雕及室内陈设中，为传统核雕发展开拓新空间。三是在展陈式上，由微观到宏观：尽管在中国传统艺术理论中也能看到对博大壮美、雄浑厚重等境界的追求，但由于材料自身特点的局限，不能在视觉上落到“实处”，这是传统核雕展陈时显现出来的不足。但当单一变成群雕或系列成组时，尺幅就大了。如果套用西方的美学范畴，这是一种很崇高的美，不同尺幅大小的作品，给人的视觉感受肯定是不一样的。看大尺幅作品，好像会融入其中，会有一种代入感，为观众的思考、遐想提供了空间及意境。譬如《十二金钗》《二十四孝》《美丽中国·好人故事》等等。通过“展陈式”的艺术，从而使核雕由大体量体现出时代感、崇高感，并把传统雕刻中出世、超越、空灵与气韵等这些玄妙的精神放大，找到核雕与主题创作的衔接方式。

叶：大概在 2010 年吧，您曾问过我，在中国绘画中有“文人画”的流派，那么，在中国核雕界有理由存在“文人雕”。此话题距今已有 10 年了，那么，这 10 年间，您的“文人雕”试验田收获如何？是否形成了自己的艺术特性？

陆：叶老师真是行家。有关核雕的艺术特性的归纳，目前仍是您论文中的“佛系、天成、传承、诚信、形相、本色、纹饰、工艺、长物、日新”十大审美元素。受您的十大审美元素的启迪，我开始接触文学、绘画的典籍，无意间阅读了唐末司空图的《二十四诗品》，此书对我建立“文人雕”雏形影响很大。司空图把诗分为 24 类审美的意向，雄浑、冲淡、纤秾、高古、典雅、洗练、劲健、疏野等等，以自然淡远为审美基础，囊括了诸多诗歌艺术风格和美学意境。为了让核雕不再落入罗汉头模本的窠臼，我将诗歌所创造的风格、境界分类应用于核雕创作，让核雕尽量沾满文化气息。由《二十四诗品》的引入，我坚持读人文历

《在水一方》

史、美学概念，读柳永、李清照、李煜……把诗意拉到我的案头，一刀刀呈现出文学经典的多姿多彩、壮丽辉煌的图景。这一时期，我创作了《四大美女》，以4枚各异的核为载体，在毫厘之间刻画了四大美女“闭月羞花之貌，沉鱼落雁之容”;《六臂观音》依据唐代木雕六臂观音像，再现了日月观音的慈悲仪容;《金陵十二钗》再现了《石头记》的岁月幽幽、浮生来回、屏风惹夕阳斜的情愫;《梁山伯与祝英台》满雕的6枚核上演绎了 6 段情，借鉴连环画的艺术形式，再现 1460 多年前的千古绝唱……

叶：从某些方面分析，您的几次转型对行业走向的影响是深远的。您从解决问题的本质入手，而不是为了造物而造物。我们已经不是“古人”了，核雕应该为“今人”提供什么？另外，在技艺上您有什么新的突破，具体有哪些成绩？

陆：我的秘诀是“与古而新”。这是我于 2016 年、2018 年两度赴中国文联文艺研修院深造时，自己研修的“正果”。我一路走来，正是以这样开拓与圆融的态度迎接自己艺术与思想的一次次沉淀与升华，扎根生活，出入古今，贯通中西，因而使自己的艺术作品在当代释放独特的审美品质和别具韵致的人格魅力。凡经典之作，纪录的总是此时此刻，艺术家通过“四力”驱动，把自己融入任何文化背景、任何生活方式中去，这也是对文化的一种“把玩”。不可否认，我赶上了一个好时代，庆幸能够走出国门进行文化交流，拓宽自己的艺术视野。同时，感谢文联、政协、协会，让我明白了——作为一名文艺工作者的历史使命与文化责任。至于在技艺上的新突破，大家往往通过我各个时期的作品中去分析比较。譬如，2020 年 11 月，江苏省美术馆为我举办了江苏第一个工艺美术项目个人展“‘拟之著微 · 藏以万千’陆小琴核雕艺术作品展”，现场展出了我创作的 50 件（组）核雕精品。2021 年 4 月，苏州吴中博物馆也为我举办了该馆“匠艺”系列首展——“入核有神——方寸之间的匠心琴韵”，展览共有“本色天成”“刻棘镂成”“长物日新”3 个篇章，全面呈现我阶段性代表作。这两次展览，使我深刻体会到“天工巧运”，必须以“文心为核”。这个“核”就是“以古人之规矩，开自己之生面”。

徐佩根

高级工艺美术师

苏州市工艺美术大师

本文配图为何月华摄影

与砚结缘　刀笔生花

——对话苏州市工艺美术大师徐佩根

文／崔冰

崔：您从小受砚文化的熏陶，是否从那时开始就迷恋上了砚雕工艺？

徐：我 1976 年出生于雕刻之乡藏书，是土生土长的苏州人。母亲和舅舅都是藏书砚台厂的老员工，我天天看着他们制作石砚，渐渐迷恋上制砚工艺，于是从那时候起就对石砚有了一种特殊感情。15 岁那年，我在师傅的悉心教导下开始学习砚雕制作。通过师傅言传身教，我拒绝一切机器加工，在制作石雕作品过程中，只用榔头与刻刀等工具采用手工制作。我坚定走学艺之路，在正式接触石雕创作之后，又得到众多艺术大师、专家教授的指导和帮助，技艺突飞猛进。2002 年我创办了“四海艺家雕刻工作室”。自此，用灵巧的双手雕琢出一件件富有生命张力的石雕作品，也雕琢出了属于自己的精彩人生。

崔：您从艺 30 多年，请您谈谈创作之路。

《荷谐》局部

徐：苏州是我几十年来成长和生活的地方，是印象里的江南，是记忆里的老家，这里有飘着饭香的土灶台，有伴随了我童年的旧竹椅。我的创作灵感都来源于这片土地，刻刀已深深扎入我生活的土壤。我早期的作品追求细节，追求疏密有致，尽量在画面上做加法，这期间主要学习传统，解决技法问题，先做好笔头上的功夫，这是我早期砚雕所追求的。这 10 年也是沉静的思考期，是对砚雕深入系统的学习阶段。如今我更注意精神力量的传达、情境的营造和情感的共鸣；图案也更加多元化，契合当代的社会生活文化现状，观者可以在我的砚雕画面中找到他平时所看到的、听到的、想到的。30 年如一日，指尖镌刻下的不仅是线条，也是故事，作品更是会呼吸的石头，是怒放的生命，徐佩根，1976年生，苏州人。高级工艺美术师、苏州市工艺美术大师、江苏省高级乡村振兴技艺师。自幼受母亲和舅舅的熏陶，渐渐迷恋上制砚工艺，15岁开始跟随师傅学艺，并得到众多大师的指导，制砚技艺突飞猛进。2002年，创办了『四海艺家雕刻工作室』，代表作品有雨巷、牡丹亭、印象江南等，在国家、省市地方级参展评比中连连获得金、银、铜奖，为砚雕界所瞩目。2013年，被认定为吴中区非物质文化遗产项目（䃮村砚制作技艺）代表性传承人。

是非物质文化遗产的传承与延续。“撑着一把油纸伞，款款走进《雨巷》中的江南女子；听《牡丹亭》畔，一曲游园惊梦，千古传唱的柳杜佳话”。我以中国传统文化精髓和怀旧的意蕴而独树一帜，在朦胧与写实的把握中延伸了空间与时间，将空灵与飘逸写入顽石，力透石背，挥斥方遒，似近似远，朴拙质感，刚柔相济，秀润雅逸而不失雄浑大气，彰显着㠔村石雕的独特气韵和魅力。我以对这片土地的理解来刻画江南的人物故事、水乡情怀和内在精神状态。我觉得人生如果能够重来，我大概还是会这样，做一名匠人，一生只做一件事，将苏州砚雕文化发扬光大，走出苏州，走向世界。

崔：请您谈谈苏派砚雕的特点和如何品鉴砚台？

徐：苏派砚雕雅致细腻，雕刻精细讲究，造型古朴端庄，色泽深沉。早在1700多年前，以㠔村石为代表的苏派砚雕受到历代文人墨客推崇喜爱，宋代米芾赞曰：“其质坚丽，呵气生云，贮水不涸，墨水于纸，鲜艳夺目。”由此可见，㠔村砚具有质地坚而不脆、润而不滑、发墨快、不损毫、贮水数日不干等特点，兼得实用、观赏之妙。鉴赏一方砚台首先可用手摸一摸。如果摸起来感觉像小孩皮肤一样光滑细嫩，说明石质比较细腻。还可将

《雨巷》

《姹紫嫣红万物春》局部

砚面用五指托空，轻轻击打，或用手指弹砚，闻其声，以木声为佳，瓦声次之，金声为下，这三种不同声音，分别可以体现出巉村砚石质的嫩与老。砚的分量也是辨别好坏的基础。我们用手掂量砚的分量，同样大小的石砚，一般来说重的石砚石质结构紧密，不容易打飘，反之，轻的石质比较松散。掌握好这些方法，对于想要收藏石砚的藏家十分重要。

崔：请您介绍一下主要获奖作品和获得的职称荣誉。

徐：与石雕结缘30载，我主要的获奖作品有几十件，如《雨巷》《牡丹亭》《荷谐》《印象江南》《小巷深处》等，这些作品用的都是苏州的巉村石，以一个苏州人的视角，把我看到的、学到的，通过石雕这一载体去呈现出来，创作反映当代苏州的故事。在职称荣誉方面。2007 年，我被评为第二届苏州民间工艺家。2012 年，被评为高级工艺美术师。2013 年，被评为区非物质文化遗产项目（巙村砚制作技艺）代表性传承人。2020 年，被认定为江苏省第二批乡土人才“三带”能手培养对象；同年，被认定具有江苏省高级乡村振兴技艺师专业技术资格。

崔：最后请您谈谈传承方面的情况。

徐：早在 10 多年前，我就在思考巙村砚文化的传承、创新与弘扬问题。如何让年轻一代人了解并喜爱上中国传统石雕文化，推进石雕工艺的保护和传承？我带着这些问题奔走在中国各地的大街小巷、图书馆、博物馆、展览馆和交流会，去寻求答案。从 2002 年起，将传统石雕工艺与校园教育相结合，走进苏州大学、苏州工业园区海归人才子女学校、苏州吴中区东湖小学，通过教学的方式让年轻一代人体会和领悟中华民族优秀传统文化，从中汲取养分，提高美学修养、开拓艺术视野、涵育人文情怀、延续民族精神。另外，我积极寻求与高校的产学研合作，依托苏州大学先进的科研水平、优秀的技术团队，构建起一支跨学科、多元化、复合型的研究队伍，开发出原木堆画这一新颖的创作方式。以巙村砚制作技艺为基础，以精选的木料为载体，在木质底版上重现石雕的雕琢过程，层次分明，打破了传统载体的束缚，以创新形式来衍生和传承保护非遗文化。此外，我还通过非遗文化讲座、非遗文化展览、提倡建立中国第一家巙村砚博物馆和中国第一本巙村砚文化研究书籍等活动，带动国内外文化爱好者及社会家庭对非遗文化遗产的进一步认知和参与。迈进新时代，致敬来时路，感恩再出发，我将继续为传统文化艺术的传承创新做出自己的贡献！

夏栋

区级非遗（核雕技艺）代表性传承人

坚守『本分』的手艺人

——对话江苏省工艺美术名人夏栋

文/崔冰

崔：您什么时候开始学艺，师承关系是怎样的？

夏：我 1997 年跟随舅舅周福林学习殷氏橄榄核雕技法，后来拜宋水官为师。在师父的悉心教导下，我长进神速。我每天起早摸黑，认真雕刻着每件作品，坚硬的橄榄核和钢硬的刻刀常使我的双手磨出血泡，但坚定的信念支持着我努力奋进。半年后开始传统的罗汉头雕刻，对人物头像有了进一步的研究。当熟悉了罗汉头像的基本雕刻后，我在传统观音雕刻上下了一番苦功，并有了长足的进步。我所雕刻的观音得到了大家的认可，我也在核雕界渐渐出了名。从此，我走上了核雕之路。

崔：人们介绍您的作品时似乎都认为其有场景、有意境，您的作品也多次获得大奖。

夏：我比较喜欢具有时代性、故事性的创新作品。例如异形核的创造，就是采用废核“变废为宝”“化腐朽为神奇”。橄榄核并非是玉石之类

《沉香救母》

《天籁梵音》

昂贵的原材料，废核的利用与雕琢，恰是我匠心之独运。我的核雕作品《天籁梵音》就是这样诞生的。它由底座、中部、上部三部分组成：底座用废核的一半雕成莲花座；中部去掉坏的部分，剩下的刻成了水浪，中间斜插着一支莲蓬；而上部处理成了祥云。这件作品获得2013年的江苏省“艺博杯”工艺美术博览会金奖，还摘下了当年的江苏省民间文艺最高奖“迎春花奖”。我感受到成功带来的喜悦后，创意灵感犹如星星之火一发不可收。我所创作的核雕作品，获得国家级，省、市级工艺奖项40多个，还申请外观专利1项，申请版权项目100余项。我第一次参加的作品展，是2009年苏州庆祝新中国成立60周年举办的展览。那一次，我忽然发现核雕作品的题材大多数都比较夏栋，1981年生，苏州光福舟山村人。正高级工艺美术师、江苏省工艺美术名人、江苏省乡土人才『三带』能手、苏州市工艺美术大师、苏州民间工艺家。1997年跟随舅舅周福林学习殷氏核雕技法，后师从宋水官学艺，有了长足进步。代表作品有天籁梵音、沉香救母、梅花报春等，并多次参展，获得大奖。现为中国民进会员、江苏省青联委员、苏州核雕艺术家协会副会长、吴中区舟山核雕行业协会常务副会长、吴中区非物质文化遗产项目（核雕技艺）代表性传承人。

接近，甚至雷同，无外乎观音、罗汉之类。若是能让核雕有较强的故事性，那一定会使得作品更加有魅力。于是我沉下心来，广泛收集历史典故、神话传说，准备用核雕来“讲故事”。当读到《沉香救母》这个故事的时候，激发了我的创作灵感。在充分理解故事情节的基础上，我开始了《沉香救母》核雕作品的创作。经过反复构思与打磨，2010 年 10 月作品正式问世。作品正面，三圣母云鬟高耸、衣袖飘飘，却一脸愁容，眼神透着期盼，反面是沉香手持神斧劈山的情形。作品一经问世，就受到了各界的好评与追捧。在当月举办的中国（合肥）国际博览会暨第四届中国工艺美术博览会上，该作品一举夺得金奖。2015 年，核雕作品《游园惊梦》被苏州核雕艺术馆收藏。2016 年，作品《梅花报春》被江苏省工艺美术馆收藏。

崔：请简单介绍一下您在传承、传播核雕和公益活动方面的情况。

夏：作为一名民族青年工艺传承者，除了自身的发展，更应为发扬民族工艺贡献力量。我先后把传统核雕技艺带进校园和企业，2014 年在苏南民间工艺学院工艺美术核雕班授课。2015 年，江苏省吴中中等专业学校开设了核雕班，我担任专职老师；同时还在苏州市卫生职业学院口腔系、香山中学等校园内授课；同年，团队“核新青年”入选团中央优秀创新项目并赢得社会广泛关注。2017 年，我不断创新，将橄榄核雕和金工相结合的跨界作品首款《十八罗汉银手串》上架于中国工商银行；我还创作了第一款核雕 U 盘，并得到各大企业平台的关注，把核雕艺术融入生活中去，增加了核雕的功能性，带动了核雕产业新的发展。我还尽心尽力地推动核雕理论研究的传播工作，部分研究成果刊登于《雕镂凝章》《中国核雕·吴中绝技》《亚洲美术》《苏州橄榄核雕赏玩》《刀尖上的艺术》《中国贸易报》《中国青年报》《新华日报》《扬子晚报》《苏州日报》《现代快报》《核雕撷美：中国当代核雕艺术品赏玩录》《拙政雅集苏州国际雕塑邀请展作品集》《邮票藏册》等报刊及中国经济网、人民网、凤凰网、新华网、江苏频道、苏州电视台和网络平台。在公益活动方面，2015 年，通过“核新青年”联盟举办微爱助学公益爱心拍卖活动，捐赠核雕作品，并将所筹款项全部用于资助贫困大学生，以帮助他们顺利完成学业。2016 年，在“爱·太湖”爱心义卖活动中，所捐出的核雕作品义卖善款将用于公益敬老，并

《战疫情》

参与了光福镇患病婴儿捐款活动。同年，参加苏州工艺美院紫藤长廊募捐活动。2017 年，参加香山街道举办的公益助学金活动。2018 年，参加吴中区青年手艺人协会、吴中区玖玖公益联合会爱心捐赠活动。2019 年、2020 年连续两年受邀参与由《非遗星球》联合中国青年网、新浪微博非遗举办，中国文化和旅游部非物质文化遗产司特别支持的新春公益活动“我为非遗赋能·最美年礼”活动等。2020 年特殊的春节期间，精心创作了抗“疫”核雕《时代英雄》系列作品，为“疫”线助威、加油，希望通过核雕，让历史记住这一系列抗疫典型人物；同时还参加了抗疫志愿行动和爱心捐款。

崔：请介绍一下您所获职称、荣誉称号。

夏：2009 年，我获评工艺美术师技术职称。2011 年，被列为苏州市紧缺人才。2013 年，被苏州市政府授予“苏州民间工艺家”荣誉称号。2014 年，被苏州市政府授予“苏州市工艺美术大师”荣誉称号；同年，被评为吴中区文化艺术重点人才。2015 年，获高级工艺美术师职称；同年，被授予“吴中区最美好青年”荣誉称号。2016 年，“夏栋核雕”荣获最具苏州气质手艺品称号；同年，荣获江苏省工艺美术名人荣誉称号。2020 年，荣获江苏省乡土人才“三带”能手荣誉称号；同年，获正高级工艺美术师职称。

崔：您坚守从艺的理由是什么？

夏：核雕是需要静下心来细细去琢磨的活计。无论是在 20 多年前刚刚入行时的默默无闻，还是现在为人所熟知，我每天都会坚持 15 小时甚至更长时间的创作。每当刻刀在橄榄核上轻轻转动，我能感觉到时间流逝的质感，我的心里是丰盈的。在孤独且漫长的雕刻时光里，我追求传统手工艺术的脚步永远前行，并且在内心一直坚守传统手工艺人应有的本分，一生坚定执着地做好这一件事。

史志晔 高级工艺美术师

正高级乡村振兴技艺师

辛勤耕耘　造物有灵

——对话『明仕阁』红木家具第五代传承人史志晔

文／怀念

怀：请说说您的从艺起点。

史：作为百年老字号“明仕阁”红木家具第五代传承人，我对于苏作家具的热爱来自家族传承，我从小就跟红木家具打交道。我的祖辈们早在20世纪初期就开始从事木工工作，祖父、父亲都是苏州有名的手艺人。我设计制作的苏作红木家具在国家和省、市工艺美术及民间工艺展览中80余次获奖。截至2020年12月，“明仕阁”共取得发明专利3件、实用新型专利16项、外观专利300余件，获得版权登记证书600余件。随着苏州市明式苏作家具文化研究院及青年手艺人协会的成立，我和一群同龄的传统手工艺传承人朋友们，憧憬着传统文化的未来。青年手艺人们有志于在苏作传统技艺的理论和实践方面，发出自己的声音，希冀以崭新的理念，崭新的姿态、崭新的方式，创造出崭新的未来。

怀：请说说您的师承关系。

史：我师从明式家具国家级非物质文化遗产代表性传承人许建平老师，以及我父亲江苏省工艺美术名人史忠明先生。

怀：请您谈谈从事艺种的历史及在苏州的发展。

史：19 世纪初，我的曾祖父史银福是江阴横塘人，自小跟随他父亲学习木工技术，营造古建园林，制作园林里的苏作家具，于 1911 年创立品牌“明仕阁”。20 世纪 40 年代，我的祖父史阿毛，跟随他父亲学习木工技术。70 年代后，应邀去东山创办吴县雕刻厂（现为东山雕刻厂），并广教学徒，使雕刻技艺和木工技艺得到了传承，并着力培养自己的 3 个儿子和门徒，从事苏州古建园林的修复和建设工作。70 年代末，我父亲史忠明高中毕业后进入吴县舟山工艺雕刻厂，在祖父史阿毛的悉心指导下，学习木雕和象牙雕刻技艺，后又跟随核雕大师须吟生学习技艺，几年后，他继承了父亲和须吟生大师的雕刻技艺。90 年代，吴县舟山工艺雕刻厂更名为苏州市吴中区光福姑苏明仕阁古典家具厂，并沿用“明仕阁”品牌，最后更名为苏州市吴中区光福姑苏明御阁红木家具厂，从事苏作家具的新品研制和仿古家具的制作。

怀：请您谈谈对从事工艺的传承、发展、创新以及主要业绩和贡献。

史：自我从事工艺美术，至今已有 13 年了。回顾十多年来从事工艺美术的经历，是我在业务技能上一个漫长的进取过程——通过学习各种技能，并将各种技能结合于实践。要设计和制作出好的作品不是一件容易的事，传承也不容易，创新更加艰难。如何在继承传统的基础上不断创作出适合时代特征的家具，是我们自始至终努力的方向。要提高苏作家具的设计和创新技术，首先要从对家具的理解和制作结构上着手，如此才能创新设计出体现时代特征的红木家具。作为青年手艺人协会会长，我深刻认识到青年和手工艺文化的重要性。带领青年手艺人设计出史志晔，1985年生，苏州人。高级工艺美术师、正高级乡村振兴技艺师、中国民间文艺家协会会员。设计制作的苏作红木家具在国家和省、市工艺美术及民间工艺展览中80余次获奖。截至2020年12月，『明仕阁』共取得发明专利3件、实用新型专利16项、外观专利300余件；获得版权登记证书600余件。为百年老字号『明仕阁』红木家具第五代传承人。

符合现代人生活的各类手工艺品和艺术品，并且都转换成版权专利，同时让青年手艺人重视商标、外观专利、实用新型专利、发明专利的作用，推动申请量达数十项，并且带领青年手艺人学习和参与全国性的高端展览会，并获得各类金、银、铜奖数十项。同时也积极推动文化的学习和传播，组织青年手艺人去听各相关行业老师教授专家的授课，再组织青年手艺人积极到中小学、大学里去讲课，传授手工艺技艺和传播手工艺文化。

怀：请您谈谈您的获奖作品、代表作。

史：2016年，家具《明式囧字凳》荣获“艺博杯”江苏省工艺美术精品大奖赛金奖。2017年，家具《明式囧字凳》获天工苏作杯非遗传承奖。2018年，《明式博古书柜》荣获“艺博杯”江苏省工艺家具精品大奖赛金奖，《万顺椅》获江苏省第四届雕刻艺术大赛金奖等。2019年，《苏园记》荣获第六届“紫金奖”文化创意设计大赛优秀奖和苏州市文化创意设计大赛一等奖，《明式博古架》获“苏艺杯”国际工艺美术精品博览会金奖，《明式亮格柜》获2019年中国漆艺艺术精品展暨扬州工艺美术精品展工艺美术精品大奖赛金奖，《小叶紫檀明式圈椅》荣获第十届“艺博杯”江苏省工艺美术精品大奖赛金奖。2020年，《小

《明式囧字凳》

叶紫檀明式花架》在中国（苏州）工艺美术精品博览会上获得“苏艺杯”优秀制作奖，明式家具《明式茶台》荣获“艺博杯”江苏工艺美术精品博览会金奖等。

怀：请说说您所获职称、荣誉称号。

史：2015年，入选“苏州市姑苏区高技能重点人才”等。2016年，入选“东吴文化产业重点人才”和“姑苏宣传文化青年拔尖人才”，获得“苏州好青年”荣誉称号。2017年，先后获得“苏州市青年岗位能手”、苏州市“十佳新兴青年”荣誉称号，被评为江苏省乡土人才“三带”新人。2018年，被评为吴中区非物质文化遗产（明式家具制作技艺）代表性传承人。2019年，被评为江苏省紫金文化创意优秀青年。2020年，我被评为正高级工艺美术师、正高级乡村振兴技艺师，被授予2019—2020年“江苏省青年岗位能手”称号；同年，还被被评为江苏省乡土人才“三带”能手。

怀：请谈谈您撰写的论文。

史：近年来，我主要撰写的论文有《浅谈红木家具在室内设计中的运用》《浅谈苏作家具设计与当代应用》和《浅析苏作明式家具中的文人情致》等。

周春毅 区级非遗（核雕技艺）代表性传承人

独树一帜　自成一派

——对话核雕『双面十八罗汉』创始人周春毅

文／怀念

怀：请谈谈您的从艺起点。

周：1986年我出生于以核雕名闻遐迩的苏州市吴中区光福镇舟山村，核雕技艺系家传。自幼耳濡目染，从小就对核雕充满了兴趣。

怀：请谈谈您的师承关系。

周：入门导师是父亲周泉兴，随着技艺的增长与成熟，先后跟随苏州各雕刻门派大师进修雕刻艺术。经过诸位名师的指点并结合家族传承技法，我在核雕创作上吸取各派之优点，在风格上集各派所长，形成了自己的核雕艺术特点，首创核雕"双面十八罗汉"，独树一帜，自成一派。

怀：请说说您从事艺种的历史及其在苏州的发展？

周：核雕属微雕，唐宋之前，史籍文献有关微雕少有记述。明末清初，立体微雕佳作纷呈，才受到推崇。核桃亦称"胡桃"，原产于西亚、南欧，传入我国是在汉武帝通西域之时，民间最初用

《罗汉》

核桃略做雕刻，穿孔系挂在身上作为辟邪之物。核雕在明代的苏州、山东、广东等地兴起并进入全盛期，人称“鬼工技”，艺术水平高，达官贵人视其为宝物，喜爱此物者，上至皇帝下至庶民。明人魏学洢的《核舟记》几乎人人知晓，文中所录王叔远的核舟是天启年间的事。清乾隆年间出了一位被时人称为“鬼工”的艺术家——杜士元。杜士元，苏州吴县人，有“穷极工巧之能事”，当地人称他之为“鬼工”。核雕地方风格明显，舟山的罗汉观音、八仙念珠，刀法雄健，形简意赅，驰名江南。苏州舟山素以刻制橄榄核著名，核雕刀工清秀，作品写实，以重工精雕见长，以精细奇巧取胜。舟山核雕村，成为全国最大的手工核雕匠人的集散地，也赢得了“中国核雕看苏州，苏州核雕看舟山”的赞誉。

周春毅，1986年生，苏州光福人。其核雕技艺系家传。自幼跟随父亲周泉兴学习核雕技艺。后又吸取了名人各派的艺术特点，自成一派，为周派核雕『双面十八罗汉』创始人。代表作品有双面十八罗汉、苏州园林、十二金钗、绿野仙踪等，为中国民间文艺家协会会员、江苏省乡土人才『三带』新秀、苏州市民间文艺家协会苏作文玩专业委员会会长、苏州市姑苏区高技能重点文化人才。

怀：请您谈谈对从事工艺的传承、发展、创新、主要业绩与贡献。

周：2004年，年仅18岁的我创作了作品《双面核雕罗汉头》，在雕刻技艺上开始崭露头角。在创作题材上，我没有拘泥于传统核雕的束缚，而是推陈出新，在传统单面十八罗汉核雕创作获得成功的基础上，又创作了双面罗汉题材。与以往核雕创作不同的是，这种双面核雕罗汉题材的创作融入了我对核雕艺术的见解：一是在传承的基础上充分发挥古代苏作斜口冲刀法；二是首创留刀痕处理方法，使玩家可以像欣赏书法那样品味其刀路走向（自古核雕表面处理都以光滑为主，通过砂纸打磨，后抛光处理）；三是首创散刀法，即随刀，无论是挂件、手串、长串，每件作品都无重复，刀法随意。

怀：请列举您的获奖作品或代表作。

周：2012年，我的作品《骑兽十八罗汉》在第七届中国民间工艺品博览会上荣获银奖。2013年，《十八罗汉》在2013中国（开封）清明文化节暨中国开封首届工艺美术展荣获金奖；同年，在首届海峡两岸（苏州）文化艺术节上荣获金奖；同年，《双面十八罗汉》荣获由中国文学艺术界联合会、中国民间文艺家协会、吉林省人民政府、长春市人民政府主办的第八届中

《弥勒佛》

国（长春）民间艺术博览会民间艺术品金奖；同年,《苏州园林》荣获第三届东方工艺美术之都博览会金奖,《十二金钗》荣获“2013天下杯文玩艺术大赛”金奖。2014年,《绿野仙踪》荣获江苏省工艺美术精品博览会金奖，核雕手串《达摩》荣获江苏省工艺美术精品博览会金奖,《弥勒佛》在第三届“琢艺杯”雕刻大赛中获得金奖。2016年,《核舟记》荣获中国“汉博杯”工艺美术大奖赛银奖,《童年》荣获江苏省民间工艺最高奖“迎春花奖”。2017年,《金蟾》荣获“艺博杯”银奖,《达摩》《长眉罗汉》《弥勒佛》为江苏工艺美术精品馆收藏；2019年，我受中国美术馆邀请举办作品展，作品《弥勒佛》被中国美术馆收藏。

怀：请谈谈您所获职称、荣誉称号。

周：我是中国民间文艺家协会会员、江苏省乡土人才“三带”新秀、苏州市民间文艺家协会苏作文玩专业委员会会长、苏州青年联合会会员、苏州市姑苏区高技能重点文化人才、苏州市吴中区文体产业联合会理事、苏州市吴中区青商会理事等。

怀：请您谈谈核雕创新的基本观点。

周：在我看来，核雕要走出新路，风格一定要独特。在创新过程中，要不断摸索，使作品实现须派、殷派之完美结合，取其精华，为核雕打开手串市场发挥关键性的作用。与此同时，我也不忘保护自己的知识产权，2016 年，我为自己的 400 件作品申请了专利，还有 800 件作品申请了相关知识产权。